論語集註

論語集註 目次

論語集註序說……五
學而第一……一五
爲政第二……三五
八佾第三……五七
里仁第四……八三
公冶長第五……一〇〇
雍也第六……一二六
述而第七……一五四
泰伯第八……一八三
子罕第九……二〇二
鄕黨第十……二二六
先進第十一……二四九
顔淵第十二……二七七
子路第十三……三〇六
憲問第十四……三三一
衛靈公第十五……三六九
季氏第十六……三九五
陽貨第十七……四一一
微子第十八……四三六
子張第十九……四五〇
堯曰第二十……四六六

凡例

1. 이 책은 (社)傳統文化硏究會의 「한자한문교육총서」의 하나로서, 縱書로 된 고전의 원서에 익숙하게 하는 것을 목적으로 간행된 것이다.

2. 이 책은 內閣本(성균관대 대동문화연구원 영인본, 1965) 《論語集註大全》을 저본으로 하였다.

3. 저본의 내용에서 雙行小註를 제외하고 經文과 朱子의 集註 만으로 구성하였다.

4. 원문의 漢字는 가급적 古字, 略字, 俗字 등 異形字를 최소화하였다.

5. 저본에 따라 章과 節을 구분하고, 각 절의 시작 위치 상단에 '장번호-절번호'의 형식으로 표시하였다. (예: 1장 1절 ☛ **1-1**)

6. 각 장의 첫 절은 '○'로 표시하였다.

7. 책의 말미에 口訣表를 수록하여 원문 학습에 참고하도록 하였다.

8. '사서 원문' 교재는 사서 각각의 낱권과 세트를 동시에 간행하였다. 세트의 경우에는 분책이 쉽도록 합본하였다.

論語集註序說

史記世家曰孔子名丘字仲尼其先宋人父叔梁紇母顏氏以魯襄公二十二年庚戌之歲十一月庚子生孔子於魯昌平鄉郰邑爲兒嬉戲常陳俎豆設禮容及長爲委吏料量平

委吏本作季氏史索隱云一本作委吏與孟子合今從之

爲司職吏畜蕃息

職見周禮牛人讀爲樴義與杙同蓋繫養犧牲之所此

官卽孟子所謂乘田

適周問禮於老子旣反而弟子益進

昭公二十五年甲申孔子年三十五而昭公奔齊魯亂於是適齊爲高昭子家臣以通乎景公

有聞韶問政二事

公欲封以尼谿之田晏嬰不可公惑之

有季孟吾老之語

孔子遂行反乎魯定公元年壬辰孔子年四十三而季氏强僭其臣陽虎作亂專政故孔子不仕而退修詩書禮樂弟子彌衆

九年庚子孔子年五十一公山不狃以費畔季氏召孔子欲往而卒不行

有答子路東周語

定公以孔子爲中都宰一年四方則之遂爲司空又爲大司寇十年辛丑相定公會齊侯于夾谷齊人歸魯侵地十二年癸卯使仲由爲季氏宰墮三都收其甲兵孟氏不肯墮成圍之不克十四年乙巳孔子年五十六攝行相事誅少正卯與聞國政三月魯國大治齊人歸女樂以沮之季桓子受之郊又不致膰俎於大夫孔子行

魯世家以此以上皆爲十二年事

適衛主於子路妻兄顏濁鄒家

孟子作顏讐由

適陳過匡匡人以爲陽虎而拘之

有顏淵後及文王旣沒之語

旣解還衛主蘧伯玉家見南子

有矢子路及未見好德之語

去適宋司馬桓魋欲殺之

有天生德語及微服過宋事

又去適陳主司城貞子家居三歲而反于衛靈公不能用

有三年有成之語

晉趙氏家臣佛肹以中牟畔召孔子孔子欲往亦不果

有答子路堅白語及荷蕢過門事

將西見趙簡子至河而反又主蘧伯玉家靈公問陳不對而行復如陳

據論語則絶糧當在此時

季桓子卒遺言謂康子必召孔子其臣止之康子乃召冉求

史記以論語歸與之歎爲在此時又以孟子所記歎辭爲主司城貞子時語疑不然蓋語孟所記本皆此一時

語而所記有異同耳

孔子如蔡及葉

有葉公問答子路不對沮溺耦耕荷蓧丈人等事史記云於是楚昭王使人聘孔子孔子將往拜禮而陳蔡大夫發徒圍之故孔子絕糧於陳蔡之間有慍見及告子貢一貫之語按是時陳蔡臣服於楚若楚王來聘孔子陳蔡大夫安敢圍之且據論語絕糧當在去衛如陳之時

楚昭王將以書社地封孔子令尹子西不可乃止

史記云書社地七百里恐無此理時則有接輿之歌

又反乎衛時靈公已卒衛君輒欲得孔子爲政
有魯衛兄弟及答子貢夷齊子路正名之語
而冉求爲季氏將與齊戰有功康子乃召孔子而孔子歸
魯實哀公之十一年丁巳而孔子年六十八矣
有對哀公及康子語
然魯終不能用孔子孔子亦不求仕乃敍書傳禮記
有杞宋損益從周等語
删詩正樂
有語大師及樂正之語
序易彖繫象說卦文言

有假我數年之語

弟子蓋三千焉身通六藝者七十二人

弟子顏回最賢蚤死後惟曾參得傳孔子之道

十四年庚申魯西狩獲麟

有莫我知之歎

孔子作春秋

有知我罪我等語論語請討陳恒事亦在是年

明年辛酉子路死於衛十六年壬戌四月己丑孔子卒年

七十三葬魯城北泗上弟子皆服心喪三年而去惟子貢

廬於冢上凡六年孔子生鯉字伯魚先卒伯魚生伋字子

思作中庸

子思學於曾子而孟子受業子思之門人

何氏曰魯論語二十篇齊論語別有問王知道凡二十二篇其二十篇中章句頗多於魯論古論出孔氏壁中分堯曰下章子張問以爲一篇有兩子張凡二十一篇篇次不與齊魯論同

程子曰論語之書成於有子曾子之門人故其書獨二子以子稱

程子曰讀論語有讀了全然無事者有讀了後其中得一兩句喜者有讀了後知好之者有讀了後直有不知手之

舞之足之蹈之者

程子曰今人不會讀書如讀論語未讀時是此等人讀了後又只是此等人便是不曾讀

程子曰頤自十七八讀論語當時已曉文義讀之愈久但覺意味深長

學而第一

此爲書之首篇故所記多務本之意乃入道之門積德之基學者之先務也凡十六章

○子曰學而時習之不亦說乎

學之爲言效也人性皆善而覺有先後後覺者必效先覺之所爲乃可以明善而復其初也習鳥數飛也學之不已如鳥數飛也說喜意也旣學而又時時習之則所學者熟而中心喜說其進自不能已矣程子曰習重習也時復思繹浹洽於中則說也又曰學者將以行之也

時習之則所學者在我故悅謝氏曰時習者無時而不習坐如尸坐時習也立如齊立時習也

1-2 有朋自遠方來不亦樂乎

朋同類也自遠方來則近者可知程子曰以善及人而信從者衆故可樂又曰說在心樂主發散在外

1-3 人不知而不慍不亦君子乎

慍含怒意君子成德之名尹氏曰學在己知不知在人何慍之有程子曰雖樂於及人不見是而無悶乃所謂君子愚謂及人而樂者順而易不知而不慍者逆而難故惟成德者能之然德之所以成亦由學之正習之熟

說之深而不已焉耳○程子曰樂由說而後得非樂不足以語君子

2-1 ○有子曰其爲人也孝弟而好犯上者鮮矣不好犯上而好作亂者未之有也

有子孔子弟子名若善事父母爲孝善事兄長爲弟犯上謂干犯在上之人鮮少也作亂則爲悖逆爭鬪之事矣此言人能孝弟則其心和順少好犯上必不好作亂也

2-2 君子務本本立而道生孝弟也者其爲仁之本與

務專力也本猶根也仁者愛之理心之德也爲仁猶曰

行仁與者疑辭謙退不敢質言也言君子凡事專用力
於根本根本旣立則其道自生若上文所謂孝弟乃是
爲仁之本學者務此則仁道自此而生也○程子曰孝
弟順德也故不好犯上豈復有逆理亂常之事德有本
本立則其道充大孝弟行於家而後仁愛及於物所謂
親親而仁民也故爲仁以孝弟爲本論性則以仁爲孝
弟之本或問孝弟爲仁之本此是由孝弟可以至仁否
曰非也謂行仁自孝弟始孝弟是仁之一事謂之行仁
之本則可謂是仁之本則不可蓋仁是性也孝弟是用
也性中只有箇仁義禮智四者而已曷嘗有孝弟來然

仁主於愛愛莫大於愛親故曰孝弟也者其爲仁之本
與

3-1

○子曰巧言令色鮮矣仁
巧好令善也好其言善其色致飾於外務以悅人則人
欲肆而本心之德亡矣聖人辭不迫切專言鮮則絶無
可知學者所當深戒也○程子曰知巧言令色之非仁
則知仁矣

4-1

○曾子曰吾日三省吾身爲人謀而不忠乎與朋友交而
不信乎傳不習乎
曾子孔子弟子名參字子輿盡己之謂忠以實之謂信

傳謂受之於師習謂熟之於己曾子以此三者日省其身有則改之無則加勉其自治誠切如此可謂得爲學之本矣而三者之序則又以忠信爲傳習之本也○尹氏曰曾子守約故動必求諸身謝氏曰諸子之學皆出於聖人其後愈遠而愈失其眞獨曾子之學專用心於內故傳之無弊觀於子思孟子可見矣惜乎其嘉言善行不盡傳於世也其幸存而未泯者學者其可不盡心乎

○子曰道千乘之國敬事而信節用而愛人使民以時

道治也千乘諸侯之國其地可出兵車千乘者也敬者

主一無適之謂敬事而信者敬其事而信於民也時謂農隙之時言治國之要在此五者亦務本之意也○程子曰此言至淺然當時諸侯果能此亦足以治其國矣聖人言雖至近上下皆通此三言者若推其極堯舜之治亦不過此若常人之言近則淺近而已矣楊氏曰上不敬則下慢不信則下疑下慢而疑事不立矣敬事而信以身先之也易曰節以制度不傷財不害民蓋侈用則傷財傷財必至於害民故愛民必先於節用然使之不以其時則力本者不獲自盡雖有愛人之心而人不被其澤矣然此特論其所存而已未及爲政也苟無是

心則雖有政不行焉胡氏曰凡此數者又皆以敬爲主
愚謂五者反復相因各有次第讀者宜細推之

○子曰弟子入則孝出則弟謹而信汎愛衆而親仁行有
餘力則以學文

謹者行之有常也信者言之有實也汎廣也衆謂衆人
親近也仁謂仁者餘力猶言暇日以用也文謂詩書六
藝之文○程子曰爲弟子之職力有餘則學文不修其
職而先文非爲己之學也尹氏曰德行本也文藝末也
窮其本末知所先後可以入德矣洪氏曰未有餘力而
學文則文滅其質有餘力而不學文則質勝而野愚謂

力行而不學文則無以考聖賢之成法識事理之當然
而所行或出於私意非但失之於野而已
○子夏曰賢賢易色事父母能竭其力事君能致其身與
朋友交言而有信雖曰未學吾必謂之學矣
子夏孔子弟子姓卜名商賢人之賢而易其好色之心
好善有誠也致猶委也委致其身謂不有其身也四者
皆人倫之大者而行之必盡其誠學求如是而已故子
夏言有能如是之人苟非生質之美必其務學之至雖
或以爲未嘗爲學我必謂之已學也○游氏曰三代之
學皆所以明人倫也能是四者則於人倫厚矣學之爲

道何以加此子夏以文學名而其言如此則古人之所
謂學者可知矣故學而一篇大抵皆在於務本吳氏曰
子夏之言其意善矣然詞氣之間抑揚大過其流之弊
將或至於廢學必若上章夫子之言然後爲無弊也

8-1 ○子曰君子不重則不威學則不固

重厚重威威嚴固堅固也輕乎外者必不能堅乎內故
不厚重則無威嚴而所學亦不堅固也

8-2 主忠信

人不忠信則事皆無實爲惡則易爲善則難故學者必
以是爲主焉○程子曰人道唯在忠信不誠則無物且

出入無時莫知其鄕者人心也若無忠信豈復有物乎

8-3 無友不如己者

無毋通禁止辭也友所以輔仁不如己則無益而有損

8-4 過則勿憚改

勿亦禁止之辭憚畏難也自治不勇則惡日長故有過則當速改不可畏難而苟安也程子曰學問之道無他也知其不善則速改以從善而已○程子曰君子自修之道當如是也游氏曰君子之道以威重爲質而學以成之學之道必以忠信爲主而以勝己者輔之然或吝於改過則終無以入德而賢者未必樂告以善道故以

過勿憚改終焉

9-1 ○曾子曰愼終追遠民德歸厚矣

愼終者喪盡其禮追遠者祭盡其誠民德歸厚謂下民化之其德亦歸於厚蓋終者人之所易忽也而能謹之遠者人之所易忘也而能追之厚之道也故以此自爲則己之德厚下民化之則其德亦歸於厚也

10-1 ○子禽問於子貢曰夫子至於是邦也必聞其政求之與抑與之與

子禽姓陳名亢子貢姓端木名賜皆孔子弟子或曰亢子貢弟子未知孰是抑反語辭

子貢曰夫子溫良恭儉讓以得之夫子之求之也其諸異乎人之求之與

溫和厚也良易直也恭莊敬也儉節制也讓謙遜也五者夫子之盛德光輝接於人者也其諸語辭也人他人也言夫子未嘗求之但其德容如是故時君敬信自以其政就而問之耳非若他人必求之而後得也聖人過化存神之妙未易窺測然卽此而觀則其德盛禮恭而不願乎外亦可見矣學者所當潛心而勉學也〇謝氏曰學者觀於聖人威儀之間亦可以進德矣若子貢亦可謂善觀聖人矣亦可謂善言德行矣今去聖人

千五百年以此五者想見其形容尙能使人興起而況於親炙之者乎張敬夫曰夫子至是邦必聞其政而未有能委國而授之以政者蓋見聖人之儀刑而樂告之者秉彝好德之良心也而私欲害之是以終不能用耳

○子曰父在觀其志父沒觀其行三年無改於父之道可謂孝矣

父在子不得自專而志則可知父沒然後其行可見故觀此足以知其人之善惡然又必能三年無改於父之道乃見其孝不然則所行雖善亦不得爲孝矣○尹氏曰如其道雖終身無改可也如其非道何待三年然則

三年無改者孝子之心有所不忍故也游氏曰三年無

改亦謂在所當改而可以未改者耳

12-1 ○有子曰禮之用和爲貴先王之道斯爲美小大由之

禮者天理之節文人事之儀則也和者從容不迫之意

蓋禮之爲體雖嚴然皆出於自然之理故其爲用必從

容而不迫乃爲可貴先王之道此其所以爲美而小事

大事無不由之也

12-2 有所不行知和而和不以禮節之亦不可行也

承上文而言如此而復有所不行者以其徒知和之爲

貴而一於和不復以禮節之則亦非復禮之本然矣所

以流蕩忘反而亦不可行也○程子曰禮勝則離故禮之用和爲貴先王之道以斯爲美而小大由之樂勝則流故有所不行者知和而和不以禮節之亦不可行范氏曰凡禮之體主於敬而其用則以和爲貴敬者禮之所以立也和者樂之所由生也若有子可謂達禮樂之本矣愚謂嚴而泰和而節此理之自然禮之全體也毫釐有差則失其中正而各倚於一偏其不可行均矣

○有子曰信近於義言可復也恭近於禮遠恥辱也因不失其親亦可宗也

信約信也義者事之宜也復踐言也恭致敬也禮節文

也因猶依也宗猶主也言約信而合其宜則言必可踐矣致恭而中其節則能遠恥辱矣所依者不失其可親之人則亦可以宗而主之矣此言人之言行交際皆當謹之於始而慮其所終不然則因仍苟且之間將有不勝其自失之悔者矣

○子曰君子食無求飽居無求安敏於事而愼於言就有道而正焉可謂好學也已

不求安飽者志有在而不暇及也敏於事者勉其所不足謹於言者不敢盡其所有餘也然猶不敢自是而必就有道之人以正其是非則可謂好學矣凡言道者皆

謂事物當然之理人之所共由者也○尹氏曰君子之學能是四者可謂篤志力行者矣然不取正於有道未免有差如楊墨學仁義而差者也其流至於無父無君謂之好學可乎

○子貢曰貧而無諂富而無驕何如子曰可也未若貧而樂富而好禮者也

諂卑屈也驕矜肆也常人溺於貧富之中而不知所以自守故必有二者之病無諂無驕則知自守矣而未能超乎貧富之外也凡曰可者僅可而有所未盡之辭也樂則心廣體胖而忘其貧好禮則安處善樂循理亦不

自知其富矣子貢貨殖蓋先貧後富而嘗用力於自守者故以此爲問而夫子答之如此蓋許其所已能而勉其所未至也

15-2 子貢曰詩云如切如磋如琢如磨其斯之謂與

詩衛風淇奥之篇言治骨角者旣切之而復磋之治玉石者旣琢之而復磨之治之已精而益求其精也子貢自以無諂無驕爲至矣聞夫子之言又知義理之無窮雖有得焉而未可遽自足也故引是詩以明之

15-3 子曰賜也始可與言詩已矣告諸往而知來者

往者其所已言者來者其所未言者○愚按此章問答

其淺深高下固不待辯說而明矣然不切則磋無所施不琢則磨無所措故學者雖不可安於小成而不求造道之極致亦不可騖於虛遠而不察切己之實病也

○子曰不患人之不己知患不知人也

尹氏曰君子求在我者故不患人之不己知不知人則是非邪正或不能辨故以爲患也

爲政第二

凡二十四章

〇子曰爲政以德譬如北辰居其所而衆星共之

政之爲言正也所以正人之不正也德之爲言得也行道而有得於心也北辰北極天之樞也居其所不動也共向也言衆星四面旋繞而歸向之也爲政以德則無爲而天下歸之其象如此〇程子曰爲政以德然後無爲范氏曰爲政以德則不動而化不言而信無爲而成所守者至簡而能御煩所處者至靜而能制動所務者

至寡而能服衆

○子曰詩三百一言以蔽之曰思無邪

詩三百十一篇言三百者擧大數也蔽猶蓋也思無邪
魯頌駉篇之辭凡詩之言善者可以感發人之善心惡
者可以懲創人之逸志其用歸於使人得其情性之正
而已然其言微婉且或各因一事而發求其直指全體
則未有若此之明且盡者故夫子言詩三百篇而惟此
一言足以盡蓋其義其示人之意亦深切矣○程子曰
思無邪者誠也范氏曰學者必務知要知要則能守約
守約則足以盡博矣經禮三百曲禮三千亦可以一言

以蔽之曰毋不敬

3-1 ○子曰道之以政齊之以刑民免而無恥

道猶引導謂先之也政謂法制禁令也齊所以一之也道之而不從者有刑以一之也免而無恥謂苟免刑罰而無所羞愧蓋雖不敢爲惡而爲惡之心未嘗亡也

3-2 道之以德齊之以禮有恥且格

禮謂制度品節也格至也言躬行以率之則民固有所觀感而興起矣而其淺深厚薄之不一者又有禮以一之則民恥於不善而又有以至於善也一說格正也書曰格其非心○愚謂政者爲治之具刑者輔治之法德

禮則所以出治之本而德又禮之本也此其相爲終始雖不可以偏廢然政刑能使民遠罪而已德禮之效則有以使民日遷善而不自知故治民者不可徒恃其末又當深探其本也

4-1 ○子曰吾十有五而志于學

古者十五而入大學心之所之謂之志此所謂學卽大學之道也志乎此則念念在此而爲之不厭矣

4-2 三十而立

有以自立則守之固而無所事志矣

4-3 四十而不惑

於事物之所當然皆無所疑則知之明而無所事守矣

4-4 五十而知天命

天命卽天道之流行而賦於物者乃事物所以當然之故也知此則知極其精而不惑又不足言矣

4-5 六十而耳順

聲入心通無所違逆知之之至不思而得也

4-6 七十而從心所欲不踰矩

從隨也矩法度之器所以爲方者也隨其心之所欲而自不過於法度安而行之不勉而中也○程子曰孔子生而知者也言亦由學而至所以勉進後人也立能自

立於斯道也不惑則無所疑矣知天命窮理盡性也耳順所聞皆通也從心所欲不踰矩則不勉而中矣又曰孔子自言其進德之序如此者聖人未必然但爲學者立法使之盈科而後進成章而後達耳胡氏曰聖人之教亦多術然其要使人不失其本心而已欲得此心者惟志乎聖人所示之學循其序而進焉至於一疵不存萬理明盡之後則其日用之間本心瑩然隨所意欲莫非至理蓋心卽體欲卽用體卽道用卽義聲爲律而身爲度矣又曰聖人言此一以示學者當優游涵泳不可躐等而進二以示學者當日就月將不可半途而廢也

愚謂聖人生知安行固無積累之漸然其心未嘗自謂已至此也是其日用之間必有獨覺其進而人不及知者故因其近似以自名欲學者以是爲則而自勉非心實自聖而姑爲是退託也後凡言謙辭之屬意皆放此

5-1

○孟懿子問孝子曰無違

孟懿子魯大夫仲孫氏名何忌無違謂不背於理

5-2

樊遲御子告之曰孟孫問孝於我我對曰無違

樊遲孔子弟子名須御爲孔子御車也孟孫卽仲孫也夫子以懿子未達而不能問恐其失指而以從親之令爲孝故語樊遲以發之

樊遲曰何謂也子曰生事之以禮死葬之以禮祭之以禮

生事葬祭事親之始終具矣禮卽理之節文也人之事親自始至終一於禮而不苟其尊親也至矣是時三家僭禮故夫子以是警之然語意渾然又若不專爲三家發者所以爲聖人之言也○胡氏曰人之欲孝其親心雖無窮而分則有限得爲而不爲與不得爲而爲之均於不孝所謂以禮者爲其所得爲者而已矣

○孟武伯問孝子曰父母唯其疾之憂

武伯懿子之子名彘言父母愛子之心無所不至唯恐其有疾病常以爲憂也人子體此而以父母之心爲心

則凡所以守其身者自不容於不謹矣豈不可以爲孝乎舊說人子能使父母不以其陷於不義爲憂而獨以其疾爲憂乃可爲孝亦通

○子游問孝子曰今之孝者是謂能養至於犬馬皆能有養不敬何以別乎

子游孔子弟子姓言名偃養謂飮食供奉也犬馬待人而食亦若養然言人畜犬馬皆能有以養之若能養其親而敬不至則與養犬馬者何異甚言不敬之罪所以深警之也○胡氏曰世俗事親能養足矣狎恩恃愛而不知其漸流於不敬則非小失也子游聖門高弟未必

至此聖人直恐其愛踰於敬故以是深警發之也

○子夏問孝子曰色難有事弟子服其勞有酒食先生饌曾是以爲孝乎

色難謂事親之際惟色爲難也食飯也先生父兄也饌飮食之也曾猶嘗也蓋孝子之有深愛者必有和氣有和氣者必有愉色有愉色者必有婉容故事親之際惟色爲難耳服勞奉養未足爲孝也舊說承順父母之色爲難亦通○程子曰告懿子告衆人者也告武伯者以其人多可憂之事子游能養而或失於敬子夏能直義而或少溫潤之色各因其材之高下與其所失而告之

故不同也

○子曰吾與回言終日不違如愚退而省其私亦足以發回也不愚

回孔子弟子姓顔字子淵不違者意不相背有聽受而無問難也私謂燕居獨處非進見請問之時發謂發明所言之理愚聞之師曰顔子深潛純粹其於聖人體段已具其聞夫子之言默識心融觸處洞然自有條理故終日言但見其不違如愚人而已及退省其私則見其日用動靜語默之間皆足以發明夫子之道坦然由之而無疑然後知其不愚也

10-1 ○子曰視其所以

以爲也爲善者爲君子爲惡者爲小人

10-2 觀其所由

觀比視爲詳矣由從也事雖爲善而意之所從來者有未善焉則亦不得爲君子矣或曰由行也謂所以行其所爲者也

10-3 察其所安

察則又加詳矣安所樂也所由雖善而心之所樂者不在於是則亦僞耳豈能久而不變哉

10-4 人焉廋哉人焉廋哉

焉何也廋匿也重言以深明之○程子曰在己者能知
言窮理則能以此察人如聖人也

11-1

○子曰溫故而知新可以爲師矣

溫尋繹也故者舊所聞新者今所得言學能時習舊聞
而每有新得則所學在我而其應不窮故可以爲人師
若夫記問之學則無得於心而所知有限故學記譏其
不足以爲人師正與此意互相發也

12-1

○子曰君子不器

器者各適其用而不能相通成德之士體無不具故用
無不周非特爲一才一藝而已

13-1
○子貢問君子子曰先行其言而後從之
周氏曰先行其言者行之於未言之前而後從之者言之於旣行之後○范氏曰子貢之患非言之之艱而行之艱故告之以此

14-1
○子曰君子周而不比小人比而不周
周普徧也比偏黨也皆與人親厚之意但周公而比私爾○君子小人所爲不同如陰陽晝夜每每相反然究其所以分則在公私之際毫釐之差耳故聖人於周比和同驕泰之屬常對擧而互言之欲學者察乎兩間而審其取舍之幾也

15-1 ○子曰學而不思則罔思而不學則殆

不求諸心故昏而無得不習其事故危而不安○程子曰博學審問愼思明辨篤行五者廢其一非學也

16-1 ○子曰攻乎異端斯害也已

范氏曰攻專治也故治木石金玉之工曰攻異端非聖人之道而別爲一端如楊墨是也其率天下至於無父無君專治而欲精之爲害甚矣○程子曰佛氏之言比之楊墨尤爲近理所以其害爲尤甚學者當如淫聲美色以遠之不爾則駸駸然入於其中矣

17-1 ○子曰由誨女知之乎知之爲知之不知爲不知是知也

由孔子弟子姓仲字子路子路好勇蓋有强其所不知
以爲知者故夫子告之曰我敎女以知之之道乎但所
知者則以爲知所不知者則以爲不知如此則雖或不
能盡知而無自欺之蔽亦不害其爲知矣況由此而求
之又有可知之理乎

18-1 ○子張學干祿

子張孔子弟子姓顓孫名師干求也祿仕者之奉也

18-2 子曰多聞闕疑愼言其餘則寡尤多見闕殆愼行其餘則
寡悔言寡尤行寡悔祿在其中矣

呂氏曰疑者所未信殆者所未安程子曰尤罪自外至

者也悔理自內出者也愚謂多聞見者學之博闕疑殆者擇之精謹言行者守之約凡言在其中者皆不求而自至之辭言此以救子張之失而進之也○程子曰修天爵則人爵至君子言行能謹得祿之道也子張學干祿故告之以此使定其心而不爲利祿動若顔閔則無此問矣或疑如此亦有不得祿者孔子蓋曰耕也餒在其中惟理可爲者爲之而已矣

○哀公問曰何爲則民服孔子對曰擧直錯諸枉則民服擧枉錯諸直則民不服

哀公魯君名蔣凡君問皆稱孔子對曰者尊君也錯捨

置也諸衆也程子曰擧錯得義則人心服○謝氏曰好直而惡枉天下之至情也順之則服逆之則去必然之理也然或無道以照之則以直爲枉以枉爲直者多矣是以君子大居敬而貴窮理也

○季康子問使民敬忠以勸如之何子曰臨之以莊則敬孝慈則忠擧善而教不能則勸

季康子魯大夫季孫氏名肥莊謂容貌端嚴也臨民以莊則民敬於己孝於親慈於衆則民忠於己善者擧之而不能者教之則民有所勸而樂於爲善○張敬夫曰此皆在我所當爲非爲欲使民敬忠以勸而爲之也然

能如是則其應蓋有不期然而然者矣

21-1

○或謂孔子曰子奚不爲政

定公初年孔子不仕故或人疑其不爲政也

21-2

子曰書云孝乎惟孝友于兄弟施於有政是亦爲政奚其爲爲政

書周書君陳篇書云孝乎者言書之言孝如此也善兄弟曰友書言君陳能孝於親友於兄弟又能推廣此心以爲一家之政孔子引之言如此則是亦爲政矣何必居位乃爲爲政乎蓋孔子之不仕有難以語或人者故託此以告之要之至理亦不外是

22-1 ○子曰人而無信不知其可也大車無輗小車無軏其何
以行之哉
大車謂平地任載之車輗轅端橫木縛軛以駕牛者小
車謂田車兵車乘車軏轅端上曲鉤衡以駕馬者車無
此二者則不可以行人而無信亦猶是也

23-1 ○子張問十世可知也
陸氏曰也一作乎○王者易姓受命爲一世子張問自
此以後十世之事可前知乎

23-2 子曰殷因於夏禮所損益可知也周因於殷禮所損益可
知也其或繼周者雖百世可知也

馬氏曰所因謂三綱五常所損益謂文質三統愚按三綱謂君爲臣綱父爲子綱夫爲妻綱五常謂仁義禮智信文質謂夏尚忠商尚質周尚文三統謂夏正建寅爲人統商正建丑爲地統周正建子爲天統三綱五常禮之大體三代相繼皆因之而不能變其所損益不過文章制度小過不及之間而其已然之迹今皆可見則自今以往或有繼周而王者雖百世之遠所因所革亦不過此豈但十世而已乎聖人所以知來者蓋如此非若後世讖緯術數之學也○胡氏曰子張之問蓋欲知來而聖人言其既往者以明之也夫自修身以至於爲天

下不可一日而無禮天敘天秩人所共由禮之本也商不能改乎夏周不能改乎商所謂天地之常經也若乃制度文爲或太過則當損或不足則當益益之損之與時宜之而所因者不壞是古今之通義也因往推來雖百世之遠不過如此而已矣

24-1 ○子曰非其鬼而祭之諂也

非其鬼謂非其所當祭之鬼諂求媚也

24-2 見義不爲無勇也

知而不爲是無勇也

八佾第三

凡二十六章通前篇末二章皆論禮樂之事

○孔子謂季氏八佾舞於庭是可忍也孰不可忍也

季氏魯大夫季孫氏也佾舞列也天子八諸侯六大夫四士二每佾人數如其佾數或曰每佾八人未詳孰是季氏以大夫而僭用天子之禮樂孔子言其此事尚忍爲之則何事不可忍爲或曰忍容忍也蓋深疾之之辭

○范氏曰樂舞之數自上而下降殺以兩而已故兩之間不可以毫髮僭差也孔子爲政先正禮樂則季氏之

罪不容誅矣謝氏曰君子於其所不當爲不敢須臾處不忍故也而季氏忍此矣則雖弑父與君亦何所憚而不爲乎

○三家者以雍徹子曰相維辟公天子穆穆奚取於三家之堂

三家魯大夫孟孫叔孫季孫之家也雍周頌篇名徹祭畢而收其俎也天子宗廟之祭則歌雍以徹是時三家僭而用之相助也辟公諸侯也穆穆深遠之意天子之容也此雍詩之辭孔子引之言三家之堂非有此事亦何取於此義而歌之乎譏其無知妄作以取僭竊之罪

3-1

○程子曰周公之功固大矣皆臣子之分所當爲魯安得獨用天子禮樂哉成王之賜伯禽之受皆非也其因襲之弊遂使季氏僭八佾三家僭雍徹故仲尼譏之

○子曰人而不仁如禮何人而不仁如樂何

游氏曰人而不仁則人心亡矣其如禮樂何哉言雖欲用之而禮樂不爲之用也○程子曰仁者天下之正理失正理則無序而不和李氏曰禮樂待人而後行苟非其人則雖玉帛交錯鍾鼓鏗鏘亦將如之何哉然記者序此於八佾雍徹之後疑其爲僭禮樂者發也

4-1

○林放問禮之本

林放魯人見世之爲禮者專事繁文而疑其本之不在是也故以爲問

4-2 子曰大哉問

孔子以時方逐末而放獨有志於本故大其問蓋得其本則禮之全體無不在其中矣

4-3 禮與其奢也寧儉喪與其易也寧戚

易治也孟子曰易其田疇在喪禮則節文習熟而無哀痛慘怛之實者也戚則一於哀而文不足耳禮貴得中奢易則過於文儉戚則不及而質二者皆未合禮然凡物之理必先有質而後有文則質乃禮之本也○范氏

曰夫祭與其敬不足而禮有餘也不若禮不足而敬有餘也喪與其哀不足而禮有餘也不若禮不足而哀有餘也禮失之奢喪失之易皆不能反本而隨其末故也禮奢而備不若儉而不備之愈也喪易而文不若戚而不文之愈也儉者物之質戚者心之誠故爲禮之本楊氏曰禮始諸飲食故汙尊而抔飲爲之簠簋籩豆罍爵之飾所以文之也則其本儉而已喪不可以徑情而直行爲之衰麻哭踊之數所以節之也則其本戚而已周衰世方以文滅質而林放獨能問禮之本故夫子大之而告之以此

5-1

○子曰夷狄之有君不如諸夏之亡也

吳氏曰亡古無字通用程子曰夷狄且有君長不如諸夏之僭亂反無上下之分也○尹氏曰孔子傷時之亂而歎之也無非實無也雖有之不能盡其道爾

6-1

○季氏旅於泰山子謂冉有曰女弗能救與對曰不能子曰嗚呼曾謂泰山不如林放乎

旅祭名泰山山名在魯地禮諸侯祭封內山川季氏祭之僭也冉有孔子弟子名求時爲季氏宰救謂救其陷於僭竊之罪嗚呼歎辭言神不享非禮欲季氏知其無益而自止又進林放以厲冉有也○范氏曰冉有從季

氏夫子豈不知其不可告也然而聖人不輕絶人盡己之心安知冉有之不能救季氏之不可諫也旣不能正則美林放以明泰山之不可誣是亦敎誨之道也

○子曰君子無所爭必也射乎揖讓而升下而飮其爭也君子

揖讓而升者大射之禮耦進三揖而後升堂也下而飮謂射畢揖降以俟衆耦皆降勝者乃揖不勝者升取觶立飮也言君子恭遜不與人爭惟於射而後有爭然其爭也雍容揖遜乃如此則其爭也君子而非若小人之爭也

8-1 ○子夏問曰巧笑倩兮美目盼兮素以爲絢兮何謂也

此逸詩也倩好口輔也盼目黑白分也素粉地畫之質也絢采色畫之飾也言人有此倩盼之美質而又加以華采之飾如有素地而加采色也子夏疑其反謂以素爲飾故問之

8-2 子曰繪事後素

繪事繪畫之事也後素後於素也考工記曰繪畫之事後素功謂先以粉地爲質而後施五采猶人有美質然後可加文飾

8-3 曰禮後乎子曰起予者商也始可與言詩已矣

9-1

禮必以忠信爲質猶繪事必以粉素爲先起猶發也起
予言能起發我之志意謝氏曰子貢因論學而知詩子
夏因論詩而知學故皆可與言詩○楊氏曰甘受和白
受采忠信之人可以學禮苟無其質禮不虛行此繪事
後素之說也孔子曰繪事後素而子夏曰禮後乎可謂
能繼其志矣非得之言意之表者能之乎商賜可與言
詩者以此若夫玩心於章句之末則其爲詩也固而已
矣所謂起予則亦相長之義也
○子曰夏禮吾能言之杞不足徵也殷禮吾能言之宋不
足徵也文獻不足故也足則吾能徵之矣

杞夏之後宋殷之後徵證也文典籍也獻賢也言二代之禮我能言之而二國不足取以爲證以其文獻不足故也文獻若足則我能取之以證吾言矣

○子曰禘自旣灌而往者吾不欲觀之矣

趙伯循曰禘王者之大祭也王者旣立始祖之廟又推始祖所自出之帝祀之於始祖之廟而以始祖配之也成王以周公有大勳勞賜魯重祭故得禘於周公之廟以文王爲所出之帝而周公配之然非禮矣灌者方祭之始用鬱鬯之酒灌地以降神也魯之君臣當此之時誠意未散猶有可觀自此以後則浸以懈怠而無足觀

矣蓋魯祭非禮孔子本不欲觀至此而失禮之中又失禮焉故發此歎也○謝氏曰夫子嘗曰我欲觀夏道是故之杞而不足證也我欲觀商道是故之宋而不足證也又曰我觀周道幽厲傷之吾舍魯何適矣魯之郊禘非禮也周公其衰矣考之杞宋已如彼考之當今又如此孔子所以深歎也

○或問禘之說子曰不知也知其說者之於天下也其如示諸斯乎指其掌

先王報本追遠之意莫深於禘非仁孝誠敬之至不足以與此非或人之所及也而不王不禘之法又魯之所

當諱者故以不知答之示與視同指其掌弟子記夫子言此而自指其掌言其明且易也蓋知禘之說則理無不明誠無不格而治天下不難矣聖人於此豈眞有所不知也哉

12-1 ○祭如在祭神如神在

程子曰祭祭先祖也祭神祭外神也祭先主於孝祭神主於敬愚謂此門人記孔子祭祀之誠意

12-2 子曰吾不與祭如不祭

又記孔子之言以明之言己當祭之時或有故不得與而使他人攝之則不得致其如在之誠故雖已祭而此

心缺然如未嘗祭也○范氏曰君子之祭七日戒三日
齊必見所祭者誠之至也是故郊則天神格廟則人鬼
享皆由己以致之也有其誠則有其神無其誠則無其
神可不謹乎吾不與祭如不祭誠爲實禮爲虛也

○王孫賈問曰與其媚於奧寧媚於竈何謂也

王孫賈衛大夫媚親順也室西南隅爲奧竈者五祀之
一夏所祭也凡祭五祀皆先設主而祭於其所然後迎
尸而祭於奧略如祭宗廟之儀如祀竈則設主於竈陘
祭畢而更設饌於奧以迎尸也故時俗之語因以奧有
常尊而非祭之主竈雖卑賤而當時用事喩自結於君

不如阿附權臣也賈衛之權臣故以此諷孔子

子曰不然獲罪於天無所禱也

天卽理也其尊無對非奧竈之可比也逆理則獲罪於天矣豈媚於奧竈所能禱而免乎言但當順理非特不當媚竈亦不可媚於奧也○謝氏曰聖人之言遜而不迫使王孫賈而知此意不爲無益使其不知亦非所以取禍

○子曰周監於二代郁郁乎文哉吾從周

監視也二代夏商也言其視二代之禮而損益之郁郁文盛貌○尹氏曰三代之禮至周大備夫子美其文而

15-1

從之

○子入大廟每事問或曰孰謂鄹人之子知禮乎入大廟每事問子聞之曰是禮也

大廟魯周公廟此蓋孔子始仕之時入而助祭也鄹魯邑名孔子父叔梁紇嘗爲其邑大夫孔子自少以知禮聞故或人因此而譏之孔子言是禮者敬謹之至乃所以爲禮也○尹氏曰禮者敬而已矣雖知亦問謹之至也其爲敬莫大於此謂之不知禮者豈足以知孔子哉

16-1

○子曰射不主皮爲力不同科古之道也

射不主皮鄕射禮文爲力不同科孔子解禮之意如此

也皮革也布侯而棲革於其中以爲的所謂鵠也科等也古者射以觀德但主於中而不主於貫革蓋以人之力有强弱不同等也記曰武王克商散軍郊射而貫革之射息正謂此也周衰禮廢列國兵爭復尙貫革故孔子歎之○楊氏曰中可以學而能力不可以强而至聖人言古之道所以正今之失

○子貢欲去告朔之餼羊

告朔之禮古者天子常以季冬頒來歲十二月之朔于諸侯諸侯受而藏之祖廟月朔則以特羊告廟請而行之餼生牲也魯自文公始不視朔而有司猶供此羊故

子貢欲去之

子曰賜也爾愛其羊我愛其禮

愛猶惜也子貢蓋惜其無實而妄費然禮雖廢羊存猶得以識之而可復焉若併去其羊則此禮遂亡矣孔子所以惜之○楊氏曰告朔諸侯所以稟命於君親禮之大者魯不視朔矣然羊存則告朔之名未泯而其實因可擧此夫子所以惜之也

○子曰事君盡禮人以爲諂也

黃氏曰孔子於事君之禮非有所加也如是而後盡爾時人不能反以爲諂故孔子言之以明禮之當然也

20-1 19-1

○程子曰聖人事君盡禮當時以爲諂若他人言之必曰我事君盡禮小人以爲諂而孔子之言止於如此聖人道大德宏此亦可見

○定公問君使臣臣事君如之何孔子對曰君使臣以禮臣事君以忠

定公魯君名宋二者皆理之當然各欲自盡而已○呂氏曰使臣不患其不忠患禮之不至事君不患其無禮患忠之不足尹氏曰君臣以義合者也故君使臣以禮則臣事君以忠

○子曰關雎樂而不淫哀而不傷

關雎周南國風詩之首篇也淫者樂之過而失其正者也傷者哀之過而害於和者也關雎之詩言后妃之德宜配君子求之未得則不能無寤寐反側之憂求而得之則宜其有琴瑟鍾鼓之樂蓋其憂雖深而不害於和其樂雖盛而不失其正故夫子稱之如此欲學者玩其辭審其音而有以識其性情之正也

○哀公問社於宰我宰我對曰夏后氏以松殷人以柏周人以栗曰使民戰栗

宰我孔子弟子名予三代之社不同者古者立社各樹其土之所宜木以爲主也戰栗恐懼貌宰我又言周所

21-2

以用栗之意如此豈以古者戮人於社故附會其說與
子聞之曰成事不說遂事不諫旣往不咎
遂事謂事雖未成而勢不能已者孔子以宰我所對非
立社之本意又啓時君殺伐之心而其言已出不可復
救故歷言此以深責之欲使謹其後也○尹氏曰古者
各以所宜木名其社非取義於木也宰我不知而妄對
故夫子責之

22-1

○子曰管仲之器小哉
管仲齊大夫名夷吾相桓公霸諸侯器小言其不知聖
賢大學之道故局量褊淺規模卑狹不能正身修德以

致主於王道

22-2 或曰管仲儉乎曰管氏有三歸官事不攝焉得儉

或人蓋疑器小之爲儉三歸臺名事見說苑攝兼也家臣不能具官一人常兼數事管仲不然皆言其侈

22-3 然則管仲知禮乎曰邦君樹塞門管氏亦樹塞門邦君爲兩君之好有反坫管氏亦有反坫管氏而知禮孰不知禮

或人又疑不儉爲知禮屛謂之樹塞猶蔽也設屛於門以蔽內外也好謂好會坫在兩楹之間獻酬飲畢則反爵於其上此皆諸侯之禮而管仲僭之不知禮也○愚謂孔子譏管仲之器小其旨深矣或人不知而疑其儉

故斥其奢以明其非儉或又疑其知禮故又斥其僭以明其不知禮蓋雖不復明言小器之所以然而其所以小者於此亦可見矣故程子曰奢而犯禮其器之小可知蓋器大則自知禮而無此失矣此言當深味也蘇氏曰自修身正家以及於國則其本深其及者遠是謂大器揚雄所謂大器猶規矩準繩先自治而後治人者是也管仲三歸反坫桓公內嬖六人而霸天下其本固已淺矣管仲死桓公薨天下不復宗齊楊氏曰夫子大管仲之功而小其器蓋非王佐之才雖能合諸侯正天下其器不足稱也道學不明而王霸之略混爲一途故聞

管仲之器小則疑其爲儉以不儉告之則又疑其知禮
蓋世方以詭遇爲功而不知爲之範則不悟其小宜矣
○子語魯大師樂曰樂其可知也始作翕如也從之純如
也皦如也繹如也以成
語告也大師樂官名時音樂廢缺故孔子教之翕合也
從放也純和也皦明也繹相續不絕也成樂之一終也
○謝氏曰五音六律不具不足以言樂翕如言其合也
五音合矣清濁高下如五味之相濟而後和故曰純如
合而和矣欲其無相奪倫故曰皦如然豈宮自宮而商
自商乎不相反而相連如貫珠可也故曰繹如也以成

○儀封人請見曰君子之至於斯也吾未嘗不得見也從者見之出曰二三子何患於喪乎天下之無道也久矣天將以夫子爲木鐸

儀衛邑封人掌封疆之官蓋賢而隱於下位者也君子謂當時賢者至此皆得見之自言其平日不見絶於賢者而求以自通也見之謂通使得見喪謂失位去國禮曰喪欲速貧是也木鐸金口木舌施政教時所振以警衆者也言亂極當治天必將使夫子得位設教不久失位也封人一見夫子而遽以是稱之其得於觀感之間者深矣或曰木鐸所以徇于道路言天使夫子失位周

流四方以行其教如木鐸之徇于道路也

○子謂韶盡美矣又盡善也謂武盡美矣未盡善也

韶舜樂武武王樂美者聲容之盛善者美之實也舜紹堯致治武王伐紂救民其功一也故其樂皆盡美然舜之德性之也又以揖遜而有天下武王之德反之也又以征誅而得天下故其實有不同者○程子曰成湯放桀惟有慚德武王亦然故未盡善堯舜湯武其揆一也征伐非其所欲所遇之時然爾

○子曰居上不寬爲禮不敬臨喪不哀吾何以觀之哉

居上主於愛人故以寬爲本爲禮以敬爲本臨喪以哀

爲本旣無其本則以何者而觀其所行之得失哉

里仁第四

凡二十六章

1-1 ○子曰里仁爲美擇不處仁焉得知

里有仁厚之俗爲美擇里而不居於是焉則失其是非之本心而不得爲知矣

2-1 ○子曰不仁者不可以久處約不可以長處樂仁者安仁知者利仁

約窮困也利猶貪也蓋深知篤好而必欲得之也不仁之人失其本心久約必濫久樂必淫惟仁者則安其仁

而無適不然知者則利於仁而不易所守蓋雖深淺之不同然皆非外物所能奪矣○謝氏曰仁者心無內外遠近精粗之間非有所存而自不亡非有所理而自不亂如目視而耳聽手持而足行也知者謂之有所見則可謂之有所得則未可有所存斯不亡有所理斯不亂未能無意也安仁則一利仁則二安仁者非顏閔以上去聖人爲不遠不知此味也諸子雖有卓越之才謂之見道不惑則可然未免於利之也

○子曰惟仁者能好人能惡人

惟之爲言獨也蓋無私心然後好惡當於理程子所謂

得其公正是也○游氏曰好善而惡惡天下之同情然人每失其正者心有所繫而不能自克也惟仁者無私心所以能好惡也

4-1

○子曰苟志於仁矣無惡也

苟誠也志者心之所之也其心誠在於仁則必無爲惡之事矣○楊氏曰苟志於仁未必無過擧也然而爲惡則無矣

5-1

○子曰富與貴是人之所欲也不以其道得之不處也貧與賤是人之所惡也不以其道得之不去也

不以其道得之謂不當得而得之然於富貴則不處於

貧賤則不去君子之審富貴而安貧賤也如此

5-2 君子去仁惡乎成名

言君子所以爲君子以其仁也若貪富貴而厭貧賤則是自離其仁而無君子之實矣何所成其名乎

5-3 君子無終食之間違仁造次必於是顚沛必於是

終食者一飯之頃造次急遽苟且之時顚沛傾覆流離之際蓋君子之不去乎仁如此不但富貴貧賤取舍之間而已也○言君子爲仁自富貴貧賤取舍之間以至於終食造次顚沛之頃無時無處而不用其力也然取舍之分明然後存養之功密存養之功密則其取舍之

分益明矣

6-1
○子曰我未見好仁者惡不仁者好仁者無以尙之惡不仁者其爲仁矣不使不仁者加乎其身

夫子自言未見好仁者惡不仁者蓋好仁者眞知仁之可好故天下之物無以加之惡不仁者眞知不仁之可惡故其所以爲仁者必能絶去不仁之事而不使少有及於其身此皆成德之事故難得而見之也

6-2
有能一日用其力於仁矣乎我未見力不足者

言好仁惡不仁者雖不可見然或有人果能一旦奮然用力於仁則我又未見其力有不足者蓋爲仁在己欲

之則是而志之所至氣必至焉故仁雖難能而至之亦易也

蓋有之矣我未之見也

蓋疑辭有之謂有用力而力不足者蓋人之氣質不同故疑亦容或有此昏弱之甚欲進而不能者但我偶未之見耳蓋不敢終以爲易而又歎人之莫肯用力於仁也○此章言仁之成德雖難其人然學者苟能實用其力則亦無不可至之理但用力而不至者今亦未見其人焉此夫子所以反覆而歎息之也

○子曰人之過也各於其黨觀過斯知仁矣

黨類也程子曰人之過也各於其類君子常失於厚小人常失於薄君子過於愛小人過於忍尹氏曰於此觀之則人之仁不仁可知矣○吴氏曰後漢吴祐謂掾以親故受汚辱之名所謂觀過知仁是也愚按此亦但言人雖有過猶可卽此而知其厚薄非謂必俟其有過而後賢否可知也

○子曰朝聞道夕死可矣

道者事物當然之理苟得聞之則生順死安無復遺恨矣朝夕所以甚言其時之近○程子曰言人不可以不知道苟得聞道雖死可也又曰皆實理也人知而信者

爲難死生亦大矣非誠有所得豈以夕死爲可乎

9-1 ○子曰士志於道而恥惡衣惡食者未足與議也

心欲求道而以口體之奉不若人爲恥其識趣之卑陋甚矣何足與議於道哉○程子曰志於道而心役乎外何足與議也

10-1 ○子曰君子之於天下也無適也無莫也義之與比

適專主也春秋傳曰吾誰適從是也莫不肯也比從也○謝氏曰適可也莫不可也無可無不可苟無道以主之不幾於猖狂自恣乎此佛老之學所以自謂心無所住而能應變而卒得罪於聖人也聖人之學不然於無

可無不可之間有義存焉然則君子之心果有所倚乎

11-1 ○子曰君子懷德小人懷土君子懷刑小人懷惠

懷思念也懷德謂存其固有之善懷土謂溺其所處之安懷刑謂畏法懷惠謂貪利君子小人趣向不同公私之間而已矣○尹氏曰樂善惡不善所以爲君子苟安務得所以爲小人

12-1 ○子曰放於利而行多怨

孔氏曰放依也多怨謂多取怨○程子曰欲利於己必害於人故多怨

13-1 ○子曰能以禮讓爲國乎何有不能以禮讓爲國如禮何

讓者禮之實也何有言不難也言有禮之實以爲國則
何難之有不然則其禮文雖具亦且無如之何矣而況
於爲國乎

14-1 ○子曰不患無位患所以立不患莫己知求爲可知也

所以立謂所以立乎其位者可知謂可以見知之實○
程子曰君子求其在己者而已矣

15-1 ○子曰參乎吾道一以貫之曾子曰唯

參乎者呼曾子之名而告之貫通也唯者應之速而無
疑者也聖人之心渾然一理而泛應曲當用各不同曾
子於其用處蓋已隨事精察而力行之但未知其體之

一爾夫子知其眞積力久將有所得是以呼而告之曾子果能默契其指卽應之速而無疑也

子出門人問曰何謂也曾子曰夫子之道忠恕而已矣

盡己之謂忠推己之謂恕而已矣者竭盡而無餘之辭也夫子之一理渾然而泛應曲當譬則天地之至誠無息而萬物各得其所也自此之外固無餘法而亦無待於推矣曾子有見於此而難言之故借學者盡己推己之目以著明之欲人之易曉也蓋至誠無息者道之體也萬殊之所以一本也萬物各得其所者道之用也一本之所以萬殊也以此觀之一以貫之之實可見矣或

曰中心爲忠如心爲恕於義亦通○程子曰以己及物仁也推己及物恕也違道不遠是也忠恕一以貫之忠者天道恕者人道忠者無妄恕者所以行乎忠也忠者體恕者用大本達道也此與違道不遠異者動以天爾又曰維天之命於穆不已忠也乾道變化各正性命恕也又曰聖人教人各因其才吾道一以貫之惟曾子爲能達此孔子所以告之也曾子告門人曰夫子之道忠恕而已矣亦猶夫子之告曾子也中庸所謂忠恕違道不遠斯乃下學上達之義

○子曰君子喩於義小人喩於利

喩猶曉也義者天理之所宜利者人情之所欲○程子曰君子之於義猶小人之於利也惟其深喩是以篤好楊氏曰君子有舍生而取義者以利言之則人之所欲無甚於生所惡無甚於死孰肯舍生而取義哉其所喩者義而已不知利之爲利故也小人反是

17-1 ○子曰見賢思齊焉見不賢而內自省也

思齊者冀己亦有是善內自省者恐己亦有是惡○胡氏曰見人之善惡不同而無不反諸身者則不徒羡人而甘自棄不徒責人而忘自責矣

18-1 ○子曰事父母幾諫見志不從又敬不違勞而不怨

此章與內則之言相表裏幾微也微諫所謂父母有過下氣怡色柔聲以諫也見志不從又敬不違所謂諫若不入起敬起孝悅則復諫也勞而不怨所謂與其得罪於鄕黨州閭寧孰諫父母怒不悅而撻之流血不敢疾怨起敬起孝也

○子曰父母在不遠遊遊必有方

遠遊則去親遠而爲日久定省曠而音問踈不惟己之思親不置亦恐親之念我不忘也遊必有方如已告云之東則不敢更適西欲親必知己之所在而無憂召己則必至而無失也范氏曰子能以父母之心爲心則孝

矣

20-1 ○子曰三年無改於父之道可謂孝矣

胡氏曰已見首篇此蓋複出而逸其半也

21-1 ○子曰父母之年不可不知也一則以喜一則以懼

知猶記憶也常知父母之年則既喜其壽又懼其衰而於愛日之誠自有不能已者

22-1 ○子曰古者言之不出恥躬之不逮也

言古者以見今之不然逮及也行不及言可恥之甚古者所以不出其言爲此故也○范氏曰君子之於言也不得已而後出之非言之難而行之難也人惟其不行

也是以輕言之言之如其所行行之如其所言則出諸其口必不易矣

23-1 ○子曰以約失之者鮮矣

謝氏曰不侈然以自放之謂約尹氏曰凡事約則鮮失非止謂儉約也

24-1 ○子曰君子欲訥於言而敏於行

謝氏曰放言易故欲訥力行難故欲敏○胡氏曰自吾道一貫至此十章疑皆曾子門人所記也

25-1 ○子曰德不孤必有鄰

鄰猶親也德不孤立必以類應故有德者必有其類從

之如居之有隣也

○子游曰事君數斯辱矣朋友數斯疏矣

程子曰數煩數也胡氏曰事君諫不行則當去導友善不納則當止至於煩瀆則言者輕聽者厭矣是以求榮而反辱求親而反疏也范氏曰君臣朋友皆以義合故其事同也

公冶長第五

此篇皆論古今人物賢否得失蓋格物窮理之一端也凡二十七章胡氏以爲疑多子貢之徒所記云

○子謂公冶長可妻也雖在縲絏之中非其罪也以其子妻之

公冶長孔子弟子妻爲之妻也縲黑索也絏攣也古者獄中以黑索拘攣罪人長之爲人無所考而夫子稱其可妻其必有以取之矣又言其人雖嘗陷於縲絏之中而非其罪則固無害於可妻也夫有罪無罪在我而已

豈以自外至者爲榮辱哉

子謂南容邦有道不廢邦無道免於刑戮以其兄之子妻之

南容孔子弟子居南宮名縚又名适字子容謚敬叔孟懿子之兄也不廢言必見用也以其謹於言行故能見用於治朝免禍於亂世也事又見第十一篇○或曰公治長之賢不及南容故聖人以其子妻長而以兄子妻容蓋厚於兄而薄於己也程子曰此以己之私心窺聖人也凡人避嫌者皆內不足也聖人自至公何避嫌之有況嫁女必量其才而求配尤不當有所避也若孔子

之事則其年之長幼時之先後皆不可知惟以爲避嫌則大不可避嫌之事賢者且不爲況聖人乎

2-1
○子謂子賤君子哉若人魯無君子者斯焉取斯

子賤孔子弟子姓宓名不齊上斯斯此人下斯斯此德子賤蓋能尊賢取友以成其德者故夫子旣歎其賢而又言若魯無君子則此人何所取以成此德乎因以見魯之多賢也○蘇氏曰稱人之善必本其父兄師友厚之至也

3-1
○子貢問曰賜也何如子曰女器也曰何器也曰瑚璉也

器者有用之成材夏曰瑚商曰璉周曰簠簋皆宗廟盛

黍稷之器而飾以玉器之貴重而華美者也子貢見孔子以君子許子賤故以己爲問而孔子告之以此然則子貢雖未至於不器其亦器之貴者歟

○或曰雍也仁而不佞

雍孔子弟子姓冉字仲弓佞口才也仲弓爲人重厚簡默而時人以佞爲賢故美其優於德而病其短於才也

子曰焉用佞禦人以口給屢憎於人不知其仁焉用佞

禦當也猶應答也給辦也憎惡也言何用佞乎佞人所以應答人者但以口取辨而無情實徒多爲人所憎惡爾我雖未知仲弓之仁然其不佞乃所以爲賢不足以

爲病也再言焉用佞所以深曉之○或疑仲弓之賢而夫子不許其仁何也曰仁道至大非全體而不息者不足以當之如顏子亞聖猶不能無違於三月之後況仲弓雖賢未及顏子聖人固不得而輕許之也

○子使漆雕開仕對曰吾斯之未能信子說

漆雕開孔子弟子字子若斯指此理而言信謂眞知其如此而無毫髮之疑也開自言未能如此未可以治人故夫子說其篤志○程子曰漆雕開已見大意故夫子說之又曰古人見道分明故其言如此謝氏曰開之學無可考然聖人使之仕必其材可以仕矣至於心術之

微則一毫不自得不害其爲未信此聖人所不能知而開自知之其材可以仕而其器不安於小成他日所就其可量乎夫子所以說之也

6-1 ○子曰道不行乘桴浮于海從我者其由與子路聞之喜子曰由也好勇過我無所取材

桴筏也程子曰浮海之歎傷天下之無賢君也子路勇於義故謂其能從己皆假設之言耳子路以爲實然而喜夫子之與己故夫子美其勇而譏其不能裁度事理以適於義也

7-1 ○孟武伯問子路仁乎子曰不知也

子路之於仁蓋日月至焉者或在或亡不能必其有無
故以不知告之

7-2
又問子曰由也千乘之國可使治其賦也不知其仁也
賦兵也古者以田賦出兵故謂兵爲賦春秋傳所謂悉
索敝賦是也言子路之才可見者如此仁則不能知也

7-3
求也何如子曰求也千室之邑百乘之家可使爲之宰也
不知其仁也
千室大邑百乘卿大夫之家宰邑長家臣之通號

7-4
赤也何如子曰赤也束帶立於朝可使與賓客言也不知
其仁也

赤孔子弟子姓公西字子華

8-1 ○子謂子貢曰女與回也孰愈

愈勝也

8-2 對曰賜也何敢望回回也聞一以知十賜也聞一以知二

一數之始十數之終二者一之對也顏子明睿所照卽始而見終子貢推測而知因此而識彼無所不說告往知來是其驗矣

8-3 子曰弗如也吾與女弗如也

與許也○胡氏曰子貢方人夫子旣語以不暇又問其與回孰愈以觀其自知之如何聞一知十上知之資生

知之亞也聞一知二中人以上之資學而知之之才也
子貢平日以己方回見其不可企及故喻之如此夫子
以其自知之明而又不難於自屈故既然之又重許之
此其所以終聞性與天道不特聞一知二而已也

9-1
○宰予晝寢子曰朽木不可雕也糞土之墻不可杇也於
予與何誅
晝寢謂當晝而寐朽腐也雕刻畫也杇鏝也言其志氣
昏惰教無所施也與語辭誅責也言不足責乃所以深
責之

9-2
子曰始吾於人也聽其言而信其行今吾於人也聽其言

而觀其行於予與改是

宰予能言而行不逮故孔子自言於予之事而改此失亦以重警之也胡氏曰子曰疑衍文不然則非一日之言也○范氏曰君子之於學惟日孜孜斃而後已惟恐其不及也宰予晝寢自棄孰甚焉故夫子責之胡氏曰宰予不能以志帥氣居然而倦是宴安之氣勝儆戒之志惰也古之聖賢未嘗不以懈惰荒寧爲懼勤勵不息自强此孔子所以深責宰予也聽言觀行聖人不待是而後能亦非緣此而盡疑學者特因此立教以警群弟子使謹於言而敏於行耳

10-1

○子曰吾未見剛者或對曰申棖子曰棖也慾焉得剛

剛堅强不屈之意最人所難能者故夫子歎其未見申棖弟子姓名慾多嗜慾也多嗜慾則不得爲剛矣○程子曰人有慾則無剛剛則不屈於慾謝氏曰剛與慾正相反能勝物之謂剛故常伸於萬物之上爲物揜之謂慾故常屈於萬物之下自古有志者少無志者多宜夫子之未見也棖之慾不可知其爲人得非悻悻自好者乎故或者疑以爲剛然不知此其所以爲慾耳

11-1

○子貢曰我不欲人之加諸我也吾亦欲無加諸人子曰賜也非爾所及也

子貢言我所不欲人加於我之事我亦不欲以此加之於人此仁者之事不待勉强故夫子以爲非子貢所及

○程子曰我不欲人之加諸我吾亦欲無加諸人仁也施諸己而不願亦勿施於人恕也恕則子貢或能勉之仁則非所及矣愚謂無者自然而然勿者禁止之謂此所以爲仁恕之別

○子貢曰夫子之文章可得而聞也夫子之言性與天道不可得而聞也

文章德之見乎外者威儀文辭皆是也性者人所受之天理天道者天理自然之本體其實一理也言夫子之

文章日見乎外固學者所共聞至於性與天道則夫子罕言之而學者有不得聞者蓋聖門教不躐等子貢至是始得聞之而歎其美也○程子曰此子貢聞夫子之至論而歎美之言也

13-1

○子路有聞未之能行唯恐有聞

前所聞者旣未及行故恐復有所聞而行之不給也○范氏曰子路聞善勇於必行門人自以爲弗及也故著之若子路可謂能用其勇矣

14-1

○子貢問曰孔文子何以謂之文也子曰敏而好學不恥下問是以謂之文也

孔文子衛大夫名圉凡人性敏者多不好學位高者多恥下問故謚法有以勤學好問爲文者蓋亦人所難也孔圉得謚爲文以此而已○蘇氏曰孔文子使太叔疾出其妻而妻之疾通於初妻之娣文子怒將攻之訪於仲尼仲尼不對命駕而行疾奔宋文子使疾弟遺室孔姞其爲人如此而謚曰文此子貢之所以疑而問也孔子不沒其善言能如此亦足以爲文矣非經天緯地之文也

○子謂子產有君子之道四焉其行己也恭其事上也敬其養民也惠其使民也義

子產鄭大夫公孫僑恭謙遜也敬謹恪也惠愛利也使民義如都鄙有章上下有服田有封洫廬井有伍之類○吳氏曰數其事而責之者其所善者多也臧文仲不仁者三不知者三是也數其事而稱之者猶有所未至也子產有君子之道四焉是也今或以一言蓋一人一事蓋一時皆非也

16-1 ○子曰晏平仲善與人交久而敬之

晏平仲齊大夫名嬰程子曰人交久則敬衰久而能敬所以爲善

17-1 ○子曰臧文仲居蔡山節藻梲何如其知也

臧文仲魯大夫臧孫氏名辰居猶藏也蔡大龜也節柱頭斗栱也藻水草名梲梁上短柱也蓋爲藏龜之室而刻山於節畫藻於梲也當時以文仲爲知孔子言其不務民義而諂瀆鬼神如此安得爲知春秋傳所謂作虛器卽此事也○張子曰山節藻梲爲藏龜之室祀爰居之義同歸於不知宜矣

○子張問曰令尹子文三仕爲令尹無喜色三已之無慍色舊令尹之政必以告新令尹何如子曰忠矣曰仁矣乎曰未知焉得仁

令尹官名楚上卿執政者也子文姓鬬名穀於菟其爲

人也喜怒不形物我無間知有其國而不知有其身其忠盛矣故子張疑其仁然其所以三仕三已而告新令尹者未知其皆出於天理而無人欲之私也是以夫子但許其忠而未許其仁也

崔子弑齊君陳文子有馬十乘棄而違之至於他邦則曰猶吾大夫崔子也違之之一邦則又曰猶吾大夫崔子也違之何如子曰清矣曰仁矣乎曰未知焉得仁

崔子齊大夫名杼齊君莊公名光陳文子亦齊大夫名須無十乘四十匹也違去也文子潔身去亂可謂清矣然未知其心果見義理之當然而能脫然無所累乎抑

不得已於利害之私而猶未免於怨悔也故夫子特許其清而不許其仁愚聞之師曰當理而無私心則仁矣今以是而觀二子之事雖其制行之高若不可及然皆未有以見其必當於理而眞無私心也子張未識仁體而悅於苟難遂以小者信其大者夫子之不許也宜哉讀者於此更以上章不知其仁後篇仁則吾不知之語幷與三仁夷齊之事觀之則彼此交盡而仁之爲義可識矣今以他書考之子文之相楚所謀者無非僭王猾夏之事文子之仕齊既失正君討賊之義又不數歲而復反於齊焉則其不仁亦可見矣

○季文子三思而後行子聞之曰再斯可矣

季文子魯大夫名行父每事必三思而後行若使晉而求遭喪之禮以行亦其一事也斯語辭程子曰爲惡之人未嘗知有思有思則爲善矣然至於再則已審三則私意起而反惑矣故夫子譏之○愚按季文子慮事如此可謂詳審而宜無過擧矣而宣公簒立文子乃不能討反爲之使齊而納賂焉豈非程子所謂私意起而反惑之驗歟是以君子務窮理而貴果斷不徒多思之爲尚

○子曰寧武子邦有道則知邦無道則愚其知可及也其

愚不可及也

寧武子衛大夫名俞按春秋傳武子仕衛當文公成公之時文公有道而武子無事可見此其知之可及也成公無道至於失國而武子周旋其間盡心竭力不避艱險凡其所處皆智巧之士所深避而不肯爲者而能卒保其身以濟其君此其愚之不可及也○程子曰邦無道能沈晦以免患故曰不可及也亦有不當愚者比干是也

○子在陳曰歸與歸與吾黨之小子狂簡斐然成章不知所以裁之

此孔子周流四方道不行而思歸之歎也吾黨小子指門人之在魯者狂簡志大而略於事也斐文貌成章言其文理成就有可觀者裁割正也夫子初心欲行其道於天下至是而知其終不用也於是始欲成就後學以傳道於來世又不得中行之士而思其次以爲狂士志意高遠猶或可與進於道也但恐其過中失正而或陷於異端耳故欲歸而裁之也

○子曰伯夷叔齊不念舊惡怨是用希

伯夷叔齊孤竹君之二子孟子稱其不立於惡人之朝不與惡人言與鄕人立其冠不正望望然去之若將浼

焉其介如此宜若無所容矣然其所惡之人能改卽止
故人亦不甚怨之也○程子曰不念舊惡此淸者之量
又曰二子之心非夫子孰能知之
○子曰孰謂微生高直或乞醯焉乞諸其隣而與之
微生姓高名魯人素有直名者醯醋也人來乞時其家
無有故乞諸隣家以與之夫子言此譏其曲意徇物掠
美市恩不得爲直也○程子曰微生高所枉雖小害直
爲大范氏曰是曰是非曰非有謂有無謂無曰直聖人
觀人於其一介之取予而千駟萬鍾從可知焉故以微
事斷之所以敎人不可不謹也

24-1 ○子曰巧言令色足恭左丘明恥之丘亦恥之匿怨而友其人左丘明恥之丘亦恥之

足過也程子曰左丘明古之聞人也謝氏曰二者之可恥有甚於穿窬也左丘明恥之其所養可知矣夫子自言丘亦恥之蓋竊比老彭之意又以深戒學者使察乎此而立心以直也

25-1 ○顏淵季路侍子曰盍各言爾志

盍何不也

25-2 子路曰願車馬衣輕裘與朋友共敝之而無憾

衣服之也裘皮服敝壞也憾恨也

25-3 顔淵曰願無伐善無施勞
伐誇也善謂有能施亦張大之意勞謂有功易曰勞而不伐是也或曰勞勞事也勞事非己所欲故亦不欲施之於人亦通

25-4 子路曰願聞子之志子曰老者安之朋友信之少者懷之
老者養之以安朋友與之以信少者懷之以恩一說安之安我也信之信我也懷之懷我也亦通○程子曰夫子安仁顔淵不違仁子路求仁又曰子路顔淵孔子之志皆與物共者也但有小大之差爾又曰子路勇於義者觀其志豈可以勢利拘之哉亞於浴沂者也顔子不

自私己故無伐善知同於人故無施勞其志可謂大矣然未免於有意也至於夫子則如天地之化工付與萬物而己不勞焉此聖人之所爲也今夫羈靮以御馬而不以制牛人皆知羈靮之作在乎人而不知羈靮之生由於馬聖人之化亦猶是也先觀二子之言後觀聖人之言分明天地氣象凡看論語非但欲理會文字須要識得聖賢氣象

○子曰已矣乎吾未見能見其過而內自訟者也

已矣乎者恐其終不得見而歎之也內自訟者口不言而心自咎也人有過而能自知者鮮矣知過而能內自

訟者爲尤鮮能內自訟則其悔悟深切而能改必矣夫子自恐終不得見而歎之其警學者深矣

○子曰十室之邑必有忠信如丘者焉不如丘之好學也

十室小邑也忠信如聖人生質之美者也夫子生知而未嘗不好學故言此以勉人言美質易得至道難聞學之至則可以爲聖人不學則不免爲鄉人而已可不勉哉

雍也第六

凡二十八章篇內第十四章以前大意與前篇同

1-1

○子曰雍也可使南面

南面者人君聽治之位言仲弓寬洪簡重有人君之度也

1-2

仲弓問子桑伯子子曰可也簡

子桑伯子魯人胡氏以爲疑卽莊周所稱子桑戶者是也仲弓以夫子許己南面故問伯子如何可者僅可而有所未盡之辭簡者不煩之謂

1-3

仲弓曰居敬而行簡以臨其民不亦可乎居簡而行簡無乃大簡乎

言自處以敬則中有主而自治嚴如是而行簡以臨民則事不煩而民不擾所以爲可若先自處以簡則中無主而自治疎矣而所行又簡豈不失之大簡而無法度之可守乎家語記伯子不衣冠而處夫子譏其欲同人道於牛馬然則伯子蓋大簡者而仲弓疑夫子之過許與

1-4

子曰雍之言然

仲弓蓋未喻夫子可字之意而其所言之理有默契焉

者故夫子然之○程子曰子桑伯子之簡雖可取而未盡善故夫子云可也仲弓因言內主於敬而簡則爲要直內存乎簡而簡則爲疏略可謂得其旨矣又曰居敬則心中無物故所行自簡居簡則先有心於簡而多一簡字矣故曰大簡

○哀公問弟子孰爲好學孔子對曰有顏回者好學不遷怒不貳過不幸短命死矣今也則亡未聞好學者也

遷移也貳復也怒於甲者不移於乙過於前者不復於後顏子克己之功至於如此可謂眞好學矣短命者顏子三十二而卒也既云今也則亡又言未聞好學者蓋

深惜之又以見眞好學者之難得也○程子曰顏子之怒在物不在己故不遷有不善未嘗不知知之未嘗復行不貳過也又曰喜怒在事則理之當喜怒者也不在血氣則不遷若舜之誅四凶也可怒在彼己何與焉如鑑之照物姸媸在彼隨物應之而已何遷之有又曰如顏子地位豈有不善所謂不善只是微有差失纔差失便能知之纔知之便更不萌作張子曰慊於己者不使萌於再或曰詩書六藝七十子非不習而通也而夫子獨稱顏子爲好學顏子之所好果何學歟程子曰學以至乎聖人之道也學之道奈何曰天地儲精得五行之

秀者爲人其本也眞而靜其未發也五性具焉曰仁義禮智信形旣生矣外物觸其形而動於中矣其中動而七情出焉曰喜怒哀懼愛惡欲情旣熾而益蕩其性鑿矣故覺者約其情使合於中正其心養其性而已然必先明諸心知所往然後力行以求至焉若顏子之非禮勿視聽言動不遷怒貳過者則其好之篤而學之得其道也然其未至於聖人者守之也非化之也假之以年則不日而化矣今人乃謂聖本生知非學可至而所以爲學者不過記誦文辭之間其亦異乎顏子之學矣

○子華使於齊冉子爲其母請粟子曰與之釜請益曰與

之庾冉子與之粟五秉

子華公西赤也使爲孔子使也釜六斗四升庾十六斗秉十六斛

3-2

子曰赤之適齊也乘肥馬衣輕裘吾聞之也君子周急不繼富

乘肥馬衣輕裘言其富也急窮迫也周者補不足繼者續有餘

3-3

原思爲之宰與之粟九百辭

原思孔子弟子名憲孔子爲魯司寇時以思爲宰粟宰之祿也九百不言其量不可考

子曰毋以與爾隣里鄕黨乎

毋禁止辭五家爲隣二十五家爲里萬二千五百家爲鄕五百家爲黨言常祿不當辭有餘自可推之以周貧乏蓋隣里鄕黨有相周之義○程子曰夫子之使子華子華之爲夫子使義也而冉有乃爲之請聖人寛容不欲直拒人故與之少所以示不當與也請益而與之亦少所以示不當益也求未達而自與之多則已過矣故夫子非之蓋赤苟至乏則夫子必自周之不待請矣原思爲宰則有常祿思辭其多故又教以分諸隣里之貧者蓋亦莫非義也張子曰於斯二者可見聖人之用財

矣

○子謂仲弓曰犁牛之子騂且角雖欲勿用山川其舍諸

犁雜文騂赤色周人尚赤牲用騂角角周正中犧牲也用用以祭也山川山川之神也言人雖不用神必不舍也仲弓父賤而行惡故夫子以此譬之言父之惡不能廢其子之善如仲弓之賢自當見用於世也然此論仲弓云爾非與仲弓言也○范氏曰以瞽叟爲父而有舜以鯀爲父而有禹古之聖賢不係於世類尚矣子能改父之過變惡以爲美則可謂孝矣

○子曰回也其心三月不違仁其餘則日月至焉而已矣

三月言其久仁者心之德心不違仁者無私欲而有其德也日月至焉者或日一至焉或月一至焉能造其域而不能久也○程子曰三月天道小變之節言其久也過此則聖人矣不違仁只是無纖毫私欲少有私欲便是不仁尹氏曰此顏子於聖人未達一間者也若聖人則渾然無間斷矣張子曰始學之要當知三月不違與日月至焉內外賓主之辨使心意勉勉循循而不能已過此幾非在我者

○季康子問仲由可使從政也與子曰由也果於從政乎何有曰賜也可使從政也與曰賜也達於從政乎何有曰

求也可使從政也與曰求也藝於從政乎何有
從政謂爲大夫果有決斷達通事理藝多才能○程子
曰季康子問三子之才可以從政乎夫子答以各有所
長非惟三子人各有所長能取其長皆可用也
○季氏使閔子騫爲費宰閔子騫曰善爲我辭焉如有復
我者則吾必在汶上矣
閔子騫孔子弟子名損費季氏邑汶水名在齊南魯北
竟上閔子不欲臣季氏令使者善爲己辭言若再來召
我則當去之齊○程子曰仲尼之門能不仕大夫之家
者閔子曾子數人而已謝氏曰學者能少知內外之分

皆可以樂道而忘人之勢況閔子得聖人爲之依歸彼其視季氏不義之富貴不啻犬彘又從而臣之豈其心哉在聖人則有不然者蓋居亂邦見惡人在聖人則可自聖人以下剛則必取禍柔則必取辱閔子豈不能早見而豫待之乎如由也不得其死求也爲季氏附益夫豈其本心哉蓋旣無先見之知又無克亂之才故也然則閔子其賢乎

○伯牛有疾子問之自牖執其手曰亡之命矣夫斯人也而有斯疾也斯人也而有斯疾也

伯牛孔子弟子姓冉名耕有疾先儒以爲癩也牖南牖

也禮病者居北牖下君視之則遷於南牖下使君得以南面視己時伯牛家以此禮尊孔子孔子不敢當故不入其室而自牖執其手蓋與之永訣也命謂天命言此人不應有此疾而今乃有之是乃天之所命也然則非其不能謹疾而有以致之亦可見矣○侯氏曰伯牛以德行稱亞於顏閔故其將死也孔子尤痛惜之

○子曰賢哉回也一簞食一瓢飲在陋巷人不堪其憂回也不改其樂賢哉回也

簞竹器食飯也瓢瓠也顏子之貧如此而處之泰然不以害其樂故夫子再言賢哉回也以深嘆美之○程子

曰顏子之樂非樂簞瓢陋巷也不以貧窶累其心而改
其所樂也故夫子稱其賢又曰簞瓢陋巷非可樂蓋自
有其樂爾其字當玩味自有深意又曰昔受學於周茂
叔每令尋仲尼顏子樂處所樂何事愚按程子之言引
而不發蓋欲學者深思而自得之今亦不敢妄爲之說
學者但當從事於博文約禮之誨以至於欲罷不能而
竭其才則庶乎有以得之矣

○冉求曰非不說子之道力不足也子曰力不足者中道
而廢今女畫

力不足者欲進而不能畫者能進而不欲謂之畫者如

畫地以自限也○胡氏曰夫子稱顔回不改其樂冉求
聞之故有是言然使求說夫子之道誠如口之說芻豢
則必將盡力以求之何患力之不足哉畫而不進則日
退而已矣此冉求之所以局於藝也

○子謂子夏曰女爲君子儒無爲小人儒
儒學者之稱程子曰君子儒爲己小人儒爲人○謝氏
曰君子小人之分義與利之間而已然所謂利者豈必
殖貨財之謂以私滅公適己自便凡可以害天理者皆
利也子夏文學雖有餘然意其遠者大者或昧焉故夫
子語之以此

○子游爲武城宰子曰女得人焉爾乎曰有澹臺滅明者行不由徑非公事未嘗至於偃之室也

武城魯下邑澹臺姓滅明名字子羽徑路之小而捷者公事如飮射讀法之類不由徑則動必以正而無見小欲速之意可知非公事不見邑宰則其有以自守而無枉己徇人之私可見矣○楊氏曰爲政以人才爲先故孔子以得人爲問如滅明者觀其二事之小而其正大之情可見矣後世有不由徑者人必以爲迂不至其室人必以爲簡非孔氏之徒其孰能知而取之愚謂持身以滅明爲法則無苟賤之羞取人以子游爲法則無邪

媚之惑

○子曰孟之反不伐奔而殿將入門策其馬曰非敢後也馬不進也

孟之反魯大夫名側胡氏曰反卽莊周所稱孟子反者是也伐誇功也奔敗走也軍後曰殿策鞭也戰敗而還以後爲功反奔而殿故以此言自揜其功也事在哀公十一年○謝氏曰人能操無欲上人之心則人欲日消天理日明而凡可以矜己誇人者皆無足道矣然不知學者欲上人之心無時而忘也若孟之反可以爲法矣

○子曰不有祝鮀之佞而有宋朝之美難乎免於今之世

矣
祝宗廟之官鮀衛大夫字子魚有口才朝宋公子有美
色言衰世好諛悅色非此難免蓋傷之也

15-1
○子曰誰能出不由戶何莫由斯道也
言人不能出不由戶何故乃不由此道耶怪而歎之之
辭○洪氏曰人知出必由戶而不知行必由道非道遠
人人自遠爾

16-1
○子曰質勝文則野文勝質則史文質彬彬然後君子
野野人言鄙略也史掌文書多聞習事而誠或不足也
彬彬猶班班物相雜而適均之貌言學者當損有餘補

不足至於成德則不期然而然矣○楊氏曰文質不可以相勝然質之勝文猶之甘可以受和白可以受采也文勝而至於滅質則其本亡矣雖有文將安施乎然則與其史也寧野

17-1

○子曰人之生也直罔之生也幸而免

程子曰生理本直罔不直也而亦生者幸而免耳

18-1

○子曰知之者不如好之者好之者不如樂之者

尹氏曰知之者知有此道也好之者好而未得也樂之者有所得而樂之也○張敬夫曰譬之五穀知者知其可食者也好者食而嗜之者也樂者嗜之而飽者也知

而不能好則是知之未至也好之而未及於樂則是好之未至也此古之學者所以自强而不息者與

○子曰中人以上可以語上也中人以下不可以語上也

語告也言教人者當隨其高下而告語之則其言易入而無躐等之弊也○張敬夫曰聖人之道精粗雖無二致但其施教則必因其材而篤焉蓋中人以下之質驟而語之太高非惟不能以入且將妄意躐等而有不切於身之弊亦終於下而已矣故就其所及而語之是乃所以使之切問近思而漸進於高遠也

○樊遲問知子曰務民之義敬鬼神而遠之可謂知矣問

仁曰仁者先難而後獲可謂仁矣

民亦人也獲謂得也專用力於人道之所宜而不惑於鬼神之不可知知者之事也先其事之所難而後其效之所得仁者之心也此必因樊遲之失而告之○程子曰人多信鬼神惑也而不信者又不能敬能敬能遠可謂知矣又曰先難克己也以所難爲先而不計所獲仁也呂氏曰當務爲急不求所難知力行所知不憚所難爲

○子曰知者樂水仁者樂山知者動仁者靜知者樂仁者壽

樂喜好也知者達於事理而周流無滯有似於水故樂水仁者安於義理而厚重不遷有似於山故樂山動靜以體言樂壽以效言也動而不括故樂靜而有常故壽

○程子曰非體仁知之深者不能如此形容之

○子曰齊一變至於魯魯一變至於道

孔子之時齊俗急功利喜夸詐乃霸政之餘習魯則重禮教崇信義猶有先王之遺風焉但人亡政息不能無廢墜耳道則先王之道也言二國之政俗有美惡故其變而之道有難易○程子曰夫子之時齊强魯弱孰不以爲齊勝魯也然魯猶存周公之法制齊由桓公之霸

爲從簡尙功之治太公之遺法變易盡矣故一變乃能至魯魯則修擧廢墜而已一變則至於先王之道也愚謂二國之俗惟夫子爲能變之而不得試然因其言以考之則其施爲緩急之序亦略可見矣

○子曰觚不觚觚哉觚哉

觚棱也或曰酒器或曰木簡皆器之有棱者也不觚者蓋當時失其制而不爲棱也觚哉觚哉言不得爲觚也

○程子曰觚而失其形制則非觚也擧一器而天下之物莫不皆然故君而失其君之道則爲不君臣而失其臣之職則爲虛位范氏曰人而不仁則非人國而不治

則不國矣

○宰我問曰仁者雖告之曰井有仁焉其從之也子曰何爲其然也君子可逝也不可陷也可欺也不可罔也

劉聘君曰有仁之仁當作人今從之從謂隨之於井而救之也宰我信道不篤而憂爲仁之陷害故有此問逝謂使之往救陷謂陷之於井欺謂誑之以理之所有罔謂昧之以理之所無蓋身在井上乃可以救井中之人若從之於井則不復能救之矣此理甚明人所易曉仁者雖切於救人而不私其身然不應如此之愚也

○子曰君子博學於文約之以禮亦可以弗畔矣夫

約要也畔背也君子學欲其博故於文無不考守欲其要故其動必以禮如此則可以不背於道矣○程子曰博學於文而不約之以禮必至於汗漫博學矣又能守禮而由於規矩則亦可以不畔道矣

○子見南子子路不說夫子矢之曰予所否者天厭之天厭之

南子衛靈公之夫人有淫行孔子至衛南子請見孔子辭謝不得已而見之蓋古者仕於其國有見其小君之禮而子路以夫子見此淫亂之人爲辱故不悅矢誓也所誓辭也如云所不與崔慶者之類否謂不合於禮不

28-1 27-1

由其道也厭棄絶也聖人道大德全無可不可其見惡人固謂在我有可見之禮則彼之不善我何與焉然此豈子路所能測哉故重言以誓之欲其姑信此而深思以得之也

○子曰中庸之爲德也其至矣乎民鮮久矣

中者無過不及之名也庸平常也至極也鮮少也言民少此德今已久矣○程子曰不偏之謂中不易之謂庸中者天下之正道庸者天下之定理自世教衰民不興於行少有此德久矣

○子貢曰如有博施於民而能濟衆何如可謂仁乎子曰

何事於仁必也聖乎堯舜其猶病諸

博廣也仁以理言通乎上下聖以地言則造其極之名也乎者疑而未定之辭病心有所不足也言此何止於仁必也聖人能之乎則雖堯舜之聖其心猶有所不足於此也以是求仁愈難而愈遠矣

28-2

夫仁者己欲立而立人己欲達而達人

以己及人仁者之心也於此觀之可以見天理之周流而無間矣狀仁之體莫切於此

28-3

能近取譬可謂仁之方也已

譬喻也方術也近取諸身以己所欲譬之他人知其所

欲亦猶是也然後推其所欲以及於人則恕之事而仁之術也於此勉焉則有以勝其人欲之私而全其天理之公矣○程子曰醫書以手足痿痺爲不仁此言最善名狀仁者以天地萬物爲一體莫非己也認得爲己何所不至若不屬己自與己不相干如手足之不仁氣已不貫皆不屬己故博施濟衆乃聖人之功用仁至難言故止曰己欲立而立人己欲達而達人能近取譬可謂仁之方也已欲令如是觀仁可以得仁之體又曰論語言堯舜其猶病諸者二夫博施者豈非聖人之所欲然必五十乃衣帛七十乃食肉聖人之心非不欲少者亦

衣帛食肉也顧其養有所不贍爾此病其施之不博也濟衆者豈非聖人之所欲然治不過九州聖人非不欲四海之外亦兼濟也顧其治有所不及爾此病其濟之不衆也推此以求修己以安百姓則爲病可知苟以吾治已足則便不是聖人呂氏曰子貢有志於仁徒事高遠未知其方孔子教以於己取之庶近而可入是乃爲仁之方雖博施濟衆亦由此進

述而第七

此篇多記聖人謙己誨人之辭及其容貌行事之實凡三十七章

○子曰述而不作信而好古竊比於我老彭

述傳舊而已作則創始也故作非聖人不能而述則賢者可及竊比尊之之辭我親之之辭老彭商賢大夫見大戴禮蓋信古而傳述者也孔子刪詩書定禮樂贊周易修春秋皆傳先王之舊而未嘗有所作也故其自言如此蓋不惟不敢當作者之聖而亦不敢顯然自附於

古之賢人蓋其德愈盛而心愈下不自知其辭之謙也
然當是時作者略備夫子蓋集群聖之大成而折衷之
其事雖述而功則倍於作矣此又不可不知也

2-1
○子曰默而識之學而不厭誨人不倦何有於我哉
識記也默識謂不言而存諸心也一說識知也不言而
心解也前說近是何有於我言何者能有於我也三者
已非聖人之極至而猶不敢當則謙而又謙之辭也

3-1
○子曰德之不修學之不講聞義不能徙不善不能改是
吾憂也
尹氏曰德必修而後成學必講而後明見善能徙改過

不吝此四者日新之要也苟未能之聖人猶憂況學者乎

4-1
○子之燕居申申如也夭夭如也

燕居閒暇無事之時楊氏曰申申其容舒也夭夭其色愉也○程子曰此弟子善形容聖人處也爲申申字說不盡故更著夭夭字今人燕居之時不怠惰放肆必太嚴厲嚴厲時著此四字不得怠惰放肆時亦著此四字不得惟聖人便自有中和之氣

5-1
○子曰甚矣吾衰也久矣吾不復夢見周公

孔子盛時志欲行周公之道故夢寐之間如或見之至

其老而不能行也則無復是心而亦無復是夢矣故因此而自歎其衰之甚也○程子曰孔子盛時寤寐常存行周公之道及其老也則志慮衰而不可以有爲矣蓋存道者心無老少之異而行道者身老則衰也

6-1

○子曰志於道

志者心之所之之謂道則人倫日用之間所當行者是也知此而心必之焉則所適者正而無他歧之惑矣

6-2

據於德

據者執守之意德則行道而有得於心者也得之於心而守之不失則終始惟一而有日新之功矣

6-3

依於仁

依者不違之謂仁則私欲盡去而心德之全也工夫至此而無終食之違則存養之熟無適而非天理之流行矣

6-4

游於藝

游者玩物適情之謂藝則禮樂之文射御書數之法皆至理所寓而日用之不可闕者也朝夕游焉以博其義理之趣則應務有餘而心亦無所放矣○此章言人之爲學當如是也蓋學莫先於立志志道則心存於正而不他據德則道得於心而不失依仁則德性常用而物

8-1 7-1

欲不行游藝則小物不遺而動息有養學者於此有以不失其先後之序輕重之倫焉則本末兼該內外交養日用之間無少間隙而涵泳從容忽不自知其入於聖賢之域矣

○子曰自行束脩以上吾未嘗無誨焉

脩脯也十脡爲束古者相見必執贄以爲禮束脩其至薄者蓋人之有生同具此理故聖人之於人無不欲其入於善但不知來學則無往教之禮故苟以禮來則無不有以敎之也

○子曰不憤不啓不悱不發擧一隅不以三隅反則不復

也

憤者心求通而未得之意悱者口欲言而未能之貌啓謂開其意發謂達其辭物之有四隅者擧一可知其三反者還以相證之義復再告也上章已言聖人誨人不倦之意因幷記此欲學者勉於用力以爲受敎之地也

○程子曰憤悱誠意之見於色辭者也待其誠至而後告之旣告之又必待其自得乃復告爾又曰不待憤悱而發則知之不能堅固待其憤悱而後發則沛然矣

○子食於有喪者之側未嘗飽也

臨喪哀不能甘也

9-2 子於是日哭則不歌
哭謂弔哭一日之內餘哀未忘自不能歌也〇謝氏曰學者於此二者可見聖人情性之正也能識聖人之情性然後可以學道

10-1 〇子謂顏淵曰用之則行舍之則藏惟我與爾有是夫
尹氏曰用舍無與於己行藏安於所遇命不足道也顏子幾於聖人故亦能之

10-2 子路曰子行三軍則誰與
萬二千五百人爲軍大國三軍子路見孔子獨美顏淵自負其勇意夫子若行三軍必與己同

子曰暴虎馮河死而無悔者吾不與也必也臨事而懼好謀而成者也

暴虎徒搏馮河徒涉懼謂敬其事成謂成其謀言此皆以抑其勇而教之然行師之要實不外此子路蓋不知也○謝氏曰聖人於行藏之間無意無必其行非貪位其藏非獨善也若有欲心則不用而求行舍之而不藏矣是以惟顔子爲可以與於此子路雖非有欲心者然未能無固必也至以行三軍爲問則其論益卑矣夫子之言蓋因其失而救之夫不謀無成不懼必敗小事尚然而況於行三軍乎

11-1 ○子曰富而可求也雖執鞭之士吾亦爲之如不可求從吾所好

執鞭賤者之事設言富若可求則雖身爲賤役以求之亦所不辭然有命焉非求之可得也則安於義理而已矣何必徒取辱哉○蘇氏曰聖人未嘗有意於求富也豈問其可不可哉爲此語者特以明其決不可求爾楊氏曰君子非惡富貴而不求以其在天無可求之道也

12-1 ○子之所愼齊戰疾

齊之爲言齊也將祭而齊其思慮之不齊者以交於神明也誠之至與不至神之享與不享皆決於此戰則衆

14-1 13-1

之死生國之存亡繫焉疾又吾身之所以死生存亡者皆不可以不謹也○尹氏曰夫子無所不謹弟子記其大者耳

○子在齊聞韶三月不知肉味曰不圖爲樂之至於斯也

史記三月上有學之二字不知肉味蓋心一於是而不及乎他也曰不意舜之作樂至於如此之美則有以極其情文之備而不覺其歎息之深也蓋非聖人不足以及此○范氏曰韶盡美又盡善樂之無以加此也故學之三月不知肉味而歎美之如此誠之至感之深也

○冉有曰夫子爲衛君乎子貢曰諾吾將問之

爲猶助也衛君出公輒也靈公逐其世子蒯聵公薨而國人立蒯聵之子輒於是晉納蒯聵而輒拒之時孔子居衛衛人以蒯聵得罪於父而輒嫡孫當立故冉有疑而問之諾應辭也

入曰伯夷叔齊何人也曰古之賢人也曰怨乎曰求仁而得仁又何怨出曰夫子不爲也

伯夷叔齊孤竹君之二子其父將死遺命立叔齊父卒叔齊遜伯夷伯夷曰父命也遂逃去叔齊亦不立而逃之國人立其中子其後武王伐紂夷齊扣馬而諫武王滅商夷齊恥食周粟去隱于首陽山遂餓而死怨猶悔

也君子居是邦不非其大夫況其君乎故子貢不斥衛君而以夷齊爲問夫子告之如此則其不爲衛君可知矣蓋伯夷以父命爲尊叔齊以天倫爲重其遜國也皆求所以合乎天理之正而卽乎人心之安旣而各得其志焉則視棄其國猶敝蹝爾何怨之有若衛輒之據國拒父而唯恐失之其不可同年而語明矣○程子曰伯夷叔齊遜國而逃諫伐而餓終無怨悔夫子以爲賢故知其不與輒也

○子曰飯疏食飲水曲肱而枕之樂亦在其中矣不義而富且貴於我如浮雲

飯食之也疏食麤飯也聖人之心渾然天理雖處困極
而樂亦無不在焉其視不義之富貴如浮雲之無有漠
然無所動於其中也○程子曰非樂疏食飲水也雖疏
食飲水不能改其樂也不義之富貴視之輕如浮雲然
又曰須知所樂者何事

○子曰加我數年五十以學易可以無大過矣

劉聘君見元城劉忠定公自言嘗讀他論加作假五十
作卒蓋加假聲相近而誤讀卒與五十字相似而誤分
也愚按此章之言史記作假我數年若是我於易則彬
彬矣加正作假而無五十字蓋是時孔子年已幾七十

矣五十字誤無疑也學易則明乎吉凶消長之理進退存亡之道故可以無大過蓋聖人深見易道之無窮而言此以教人使知其不可不學而又不可以易而學也

17-1

○子所雅言詩書執禮皆雅言也

雅常也執守也詩以理情性書以道政事禮以謹節文皆切於日用之實故常言之禮獨言執者以人所執守而言非徒誦說而已也○程子曰孔子雅素之言止於如此若性與天道則有不可得而聞者要在默而識之也謝氏曰此因學易之語而類記之

18-1

○葉公問孔子於子路子路不對

19-1 18-2

葉公楚葉縣尹沈諸梁字子高僭稱公也葉公不知孔子必有非所問而問者故子路不對抑亦以聖人之德實有未易名言者與

子曰女奚不曰其爲人也發憤忘食樂以忘憂不知老之將至云爾

未得則發憤而忘食已得則樂之而忘憂以是二者俛焉日有孶孶而不知年數之不足但自言其好學之篤爾然深味之則見其全體至極純亦不已之妙有非聖人不能及者蓋凡夫子之自言類如此學者宜致思焉

○子曰我非生而知之者好古敏以求之者也

生而知之者氣質清明義理昭著不待學而知也敏速也謂汲汲也○尹氏曰孔子以生知之聖每云好學者非惟勉人也蓋生而可知者義理爾若夫禮樂名物古今事變亦必待學而後有以驗其實也

20-1

○子不語怪力亂神

怪異勇力悖亂之事非理之正固聖人所不語鬼神造化之迹雖非不正然非窮理之至有未易明者故亦不輕以語人也○謝氏曰聖人語常而不語怪語德而不語力語治而不語亂語人而不語神

21-1

○子曰三人行必有我師焉擇其善者而從之其不善者

而改之

三人同行其一我也彼二人者一善一惡則我從其善而改其惡焉是二人者皆我師也○尹氏曰見賢思齊見不賢而內自省則善惡皆我之師進善其有窮乎

22-1

○子曰天生德於予桓魋其如予何

桓魋宋司馬向魋也出於桓公故又稱桓氏魋欲害孔子孔子言天旣賦我以如是之德則桓魋其奈我何言必不能違天害己

23-1

○子曰二三子以我爲隱乎吾無隱乎爾吾無行而不與二三子者是丘也

諸弟子以夫子之道高深不可幾及故疑其有隱而不知聖人作止語默無非教也故夫子以此言曉之與猶示也○程子曰聖人之道猶天然門弟子親炙而冀及之然後知其高且遠也使誠以爲不可及則趨向之心不幾於怠乎故聖人之教常俯而就之如此非獨使資質庸下者勉思企及而才氣高邁者亦不敢躐易而進也呂氏曰聖人體道無隱與天象昭然莫非至教常以示人而人自不察

○子以四教文行忠信

程子曰教人以學文修行而存忠信也忠信本也

25-1 ○子曰聖人吾不得而見之矣得見君子者斯可矣

聖人神明不測之號君子才德出衆之名

25-2 子曰善人吾不得而見之矣得見有恒者斯可矣

子曰字疑衍文恒常久之意張子曰有恒者不二其心

善人者志於仁而無惡

25-3 亡而爲有虛而爲盈約而爲泰難乎有恒矣

三者皆虛夸之事凡若此者必不能守其常也○張敬夫曰聖人君子以學言善人有恒者以質言愚謂有恒者之與聖人高下固懸絶矣然未有不自有恒而能至於聖者也故章末申言有恒之義其示人入德之門可

謂深切而著明矣

26-1

○子釣而不綱弋不射宿

綱以大繩屬網絶流而漁者也弋以生絲繫矢而射也宿宿鳥○洪氏曰孔子少貧賤爲養與祭或不得已而釣弋如獵較是也然盡物取之出其不意亦不爲也此可見仁人之本心矣待物如此待人可知小者如此大者可知

27-1

○子曰蓋有不知而作之者我無是也多聞擇其善者而從之多見而識之知之次也

不知而作不知其理而妄作也孔子自言未嘗妄作蓋

28-2 28-1

亦謙辭然亦可見其無所不知也識記也所從不可不擇記則善惡皆當存之以備參考如此者雖未能實知其理亦可以次於知之者也

○互鄉難與言童子見門人惑

互鄉鄉名其人習於不善難與言善惑者疑夫子不當見之也

子曰人潔己以進與其潔也不保其往也與其進也不與其退也唯何甚

疑此章有錯簡人潔至往也十四字當在與其進也之前潔修治也與許也往前日也言人潔己而來但許其

30-1 29-1

能自潔耳固不能保其前日所爲之善惡也但許其進
而來見耳非許其旣退而爲不善也蓋不追其旣往不
逆其將來以是心至斯受之耳唯字上下疑又有闕文
大抵亦不爲已甚之意○程子曰聖人待物之洪如此
○子曰仁遠乎哉我欲仁斯仁至矣
仁者心之德非在外也放而不求故有以爲遠者反而
求之則卽此而在矣夫豈遠哉○程子曰爲仁由己欲
之則至何遠之有
○陳司敗問昭公知禮乎孔子曰知禮
陳國名司敗官名卽司寇也昭公魯君名稠習於威儀

30-3　30-2

之節當時以爲知禮故司敗以爲問而孔子答之如此

孔子退揖巫馬期而進之曰吾聞君子不黨君子亦黨乎

君取於吳爲同姓謂之吳孟子君而知禮孰不知禮

巫馬姓期字孔子弟子名施司敗揖而進之也相助匿

非曰黨禮不取同姓而魯與吳皆姬姓謂之吳孟子者

諱之使若宋女子姓者然

巫馬期以告子曰丘也幸苟有過人必知之

孔子不可自謂諱君之惡又不可以取同姓爲知禮故

受以爲過而不辭○吳氏曰魯蓋夫子父母之國昭公

魯之先君也司敗又未嘗顯言其事而遽以知禮爲問

其對之宜如此也及司敗以爲有黨而夫子受以爲過蓋夫子之盛德無所不可也然其受以爲過也亦不正言其所以過初若不知孟子之事者可以爲萬世之法矣

31-1

○子與人歌而善必使反之而後和之

反復也必使復歌者欲得其詳而取其善也而後和之者喜得其詳而與其善也此見聖人氣象從容誠意懇至而其謙遜審密不掩人善又如此蓋一事之微而衆善之集有不可勝旣者焉讀者宜詳味之

32-1

○子曰文莫吾猶人也躬行君子則吾未之有得

莫疑辭猶人言不能過人而尙可以及人未之有得則全未有得皆自謙之辭而足以見言行之難易緩急欲人之勉其實也○謝氏曰文雖聖人無不與人同故不遜能躬行君子斯可以入聖故不居猶言君子道者三我無能焉

○子曰若聖與仁則吾豈敢抑爲之不厭誨人不倦則可謂云爾已矣公西華曰正唯弟子不能學也

此亦夫子之謙辭也聖者大而化之仁則心德之全而人道之備也爲之謂爲仁聖之道誨人亦謂以此敎人也然不厭不倦非己有之則不能所以弟子不能學也

○晁氏曰當時有稱夫子聖且仁者以故夫子辭之苟辭之而已焉則無以進天下之材率天下之善將使聖與仁爲虛器而人終莫能至矣故夫子雖不居仁聖而必以爲之不厭誨人不倦自處也可謂云爾已矣者無他之辭也公西華仰而歎之其亦深知夫子之意矣

○子疾病子路請禱子曰有諸子路對曰有之誄曰禱爾于上下神祇子曰丘之禱久矣

禱謂禱於鬼神有諸問有此理否誄者哀死而述其行之辭也上下謂天地天曰神地曰祇禱者悔過遷善以祈神之佑也無其理則不必禱既曰有之則聖人未嘗

有過無善可遷其素行固已合於神明故曰丘之禱久矣又士喪禮疾病行禱五祀蓋臣子迫切之至情有不能自已者初不請於病者而後禱也故孔子之於子路不直拒之而但告以無所事禱之意

35-1

○子曰奢則不孫儉則固與其不孫也寧固

孫順也固陋也奢儉俱失中而奢之害大○晁氏曰不得已而救時之弊也

36-1

○子曰君子坦蕩蕩小人長戚戚

坦平也蕩蕩寬廣貌程子曰君子循理故常舒泰小人役於物故多憂戚○程子曰君子坦蕩蕩心廣體胖

○子溫而厲威而不猛恭而安

厲嚴肅也人之德性本無不備而氣質所賦鮮有不偏惟聖人全體渾然陰陽合德故其中和之氣見於容貌之間者如此門人熟察而詳記之亦可見其用心之密矣抑非知足以知聖人而善言德行者不能記故程子以爲曾子之言學者所宜反復而玩心也

泰伯第八

凡二十一章

○子曰泰伯其可謂至德也已矣三以天下讓民無得而稱焉

泰伯周大王之長子至德謂德之至極無以復加者也三讓謂固遜也無得而稱其遜隱微無迹可見也蓋大王三子長泰伯次仲雍次季歷大王之時商道浸衰而周日强大季歷又生子昌有聖德大王因有翦商之志而泰伯不從大王遂欲傳位季歷以及昌泰伯知之卽

與仲雍逃之荊蠻於是大王乃立季歷傳國至昌而三分天下有其二是爲文王文王崩子發立遂克商而有天下是爲武王夫以泰伯之德當商周之際固足以朝諸侯有天下矣乃棄不取而又泯其迹焉則其德之至極爲如何哉蓋其心卽夷齊扣馬之心而事之難處有甚焉者宜夫子之歎息而贊美之也泰伯不從事見春秋傳

○子曰恭而無禮則勞愼而無禮則葸勇而無禮則亂直而無禮則絞

葸畏懼貌絞急切也無禮則無節文故有四者之弊

君子篤於親則民興於仁故舊不遺則民不偸
君子謂在上之人也興起也偸薄也○張子曰人道知所先後則恭不勞愼不葸勇不亂直不絞民化而德厚矣○吳氏曰君子以下當自爲一章乃曾子之言也愚按此一節與上文不相蒙而與首篇謹終追遠之意相類吳說近是
○曾子有疾召門弟子曰啓予足啓予手詩云戰戰兢兢如臨深淵如履薄氷而今而後吾知免夫小子
啓開也曾子平日以爲身體受於父母不敢毁傷故於此使弟子開其衾而視之詩小旻之篇戰戰恐懼兢兢

戒謹臨淵恐墜履氷恐陷也曾子以其所保之全示門人而言其所以保之之難如此至於將死而後知其得免於毁傷也小子門人也語畢而又呼之以致反復丁寧之意其警之也深矣○程子曰君子曰終小人曰死君子保其身以沒爲終其事也故曾子以全歸爲免矣尹氏曰父母全而生之子全而歸之曾子臨終而啓手足爲是故也非有得於道能如是乎范氏曰身體猶不可虧也況虧其行以辱其親乎

○曾子有疾孟敬子問之

孟敬子魯大夫仲孫氏名捷問之者問其疾也

4-2 曾子言曰鳥之將死其鳴也哀人之將死其言也善

言自言也鳥畏死故鳴哀人窮反本故言善此曾子之謙辭欲敬子知其所言之善而識之也

4-3 君子所貴乎道者三動容貌斯遠暴慢矣正顏色斯近信矣出辭氣斯遠鄙倍矣籩豆之事則有司存

貴猶重也容貌舉一身而言暴粗厲也慢放肆也信實也正顏色而近信則非色莊也辭言語氣聲氣也鄙凡陋也倍與背同謂背理也籩竹豆豆木豆言道雖無所不在然君子所重者在此三事而已是皆修身之要爲政之本學者所當操存省察而不可有造次顚沛之違

者也若夫籩豆之事器數之末道之全體固無不該然其分則有司之守而非君子之所重矣程子曰動容貌擧一身而言也周旋中禮暴慢斯遠矣正顔色則不妄斯近信矣出辭氣正由中出斯遠鄙倍三者正身而不外求故曰籩豆之事則有司存尹氏曰養於中則見於外曾子蓋以修己爲爲政之本若乃器用事物之細則有司存焉

○曾子曰以能問於不能以多問於寡有若無實若虛犯而不校昔者吾友嘗從事於斯矣

校計校也友馬氏以爲顔淵是也顔子之心惟知義理

之無窮不見物我之有間故能如此○謝氏曰不知有
餘在己不足在人不必得爲在己失爲在人非幾於無
我者不能也

6-1 ○曾子曰可以託六尺之孤可以寄百里之命臨大節而
不可奪也君子人與君子人也

其才可以輔幼君攝國政其節至於死生之際而不可
奪可謂君子矣與疑辭也決辭設爲問答所以深著其
必然也○程子曰節操如是可謂君子矣

7-1 ○曾子曰士不可以不弘毅任重而道遠

弘寬廣也毅强忍也非弘不能勝其重非毅無以致其

遠

7-2 仁以爲己任不亦重乎死而後已不亦遠乎

仁者人心之全德而必欲以身體而力行之可謂重矣一息尙存此志不容少懈可謂遠矣○程子曰弘而不毅則無規矩而難立毅而不弘則隘陋而無以居之又曰弘大剛毅然後能勝重任而遠到

8-1 ○子曰興於詩

興起也詩本性情有邪有正其爲言旣易知而吟詠之間抑揚反覆其感人又易入故學者之初所以興起其好善惡惡之心而不能自已者必於此而得之

8-2

立於禮

禮以恭敬辭遜爲本而有節文度數之詳可以固人肌膚之會筋骸之束故學者之中所以能卓然自立而不爲事物之所搖奪者必於此而得之

8-3

成於樂

樂有五聲十二律更唱迭和以爲歌舞八音之節可以養人之性情而蕩滌其邪穢消融其查滓故學者之終所以至於義精仁熟而自和順於道德者必於此而得之是學之成也○按內則十歲學幼儀十三學樂誦詩二十而後學禮則此三者非小學傳授之次乃大學終

身所得之難易先後淺深也程子曰天下之英才不爲少矣特以道學不明故不得有所成就夫古人之詩如今之歌曲雖閭里童稚皆習聞之而知其說故能興起今雖老師宿儒尚不能曉其義況學者乎是不得興於詩也古人自灑掃應對以至冠昏喪祭莫不有禮今皆廢壞是以人倫不明治家無法是不得立於禮也古人之樂聲音所以養其耳采色所以養其目歌詠所以養其性情舞蹈所以養其血脈今皆無之是不得成於樂也是以古之成材也易今之成材也難

○子曰民可使由之不可使知之

民可使之由於是理之當然而不能使之知其所以然也○程子曰聖人設教非不欲人家喻而戶曉也然不能使之知但能使之由之爾若曰聖人不使民知則是後世朝四暮三之術也豈聖人之心乎

10-1

○子曰好勇疾貧亂也人而不仁疾之已甚亂也

好勇而不安分則必作亂惡不仁之人而使之無所容則必致亂二者之心善惡雖殊然其生亂則一也

11-1

○子曰如有周公之才之美使驕且吝其餘不足觀也已

才美謂智能技藝之美驕矜夸吝鄙嗇也○程子曰此甚言驕吝之不可也蓋有周公之德則自無驕吝若但

有周公之才而驕吝焉亦不足觀矣又曰驕氣盈吝氣歉愚謂驕吝雖有盈歉之殊然其勢常相因蓋驕者吝之枝葉吝者驕之本根故嘗驗之天下之人未有驕而不吝吝而不驕者也

12-1 ○子曰三年學不至於穀不易得也

穀祿也至疑當作志爲學之久而不求祿如此之人不易得也○楊氏曰雖子張之賢猶以干祿爲問況其下者乎然則三年學而不至於穀宜不易得也

13-1 ○子曰篤信好學守死善道

篤厚而力也不篤信則不能好學然篤信而不好學則

所信或非其正不守死則不能以善其道然守死而不足以善其道則亦徒死而已蓋守死者篤信之效善道者好學之功

13-2

危邦不入亂邦不居天下有道則見無道則隱

君子見危授命則仕危邦者無可去之義在外則不入可也亂邦未危而刑政紀綱紊矣故潔其身而去之天下擧一世而言無道則隱其身而不見也此惟篤信好學守死善道者能之

13-3

邦有道貧且賤焉恥也邦無道富且貴焉恥也

世治而無可行之道世亂而無能守之節碌碌庸人不

足以爲士矣可恥之甚也○晁氏曰有學有守而去就之義潔出處之分明然後爲君子之全德也

14-1 ○子曰不在其位不謀其政

程子曰不在其位則不任其事也若君大夫問而告者則有矣

15-1 ○子曰師摯之始關雎之亂洋洋乎盈耳哉

師摯魯樂師名摯也亂樂之卒章也史記曰關雎之亂以爲風始洋洋美盛意孔子自衛反魯而正樂適師摯在官之初故樂之美盛如此

16-1 ○子曰狂而不直侗而不愿悾悾而不信吾不知之矣

侗無知貌愿謹厚也悾悾無能貌吾不知之者甚絶之
之辭亦不屑之教誨也○蘇氏曰天之生物氣質不齊
其中材以下有是德則有是病有是病必有是德故馬
之蹄齧者必善走其不善者必馴有是病而無是德則
天下之棄才也

17-1 ○子曰學如不及猶恐失之

言人之爲學旣如有所不及矣而其心猶竦然惟恐其
或失之警學者當如是也○程子曰學如不及猶恐失
之不得放過才說姑待明日便不可也

18-1 ○子曰巍巍乎舜禹之有天下也而不與焉

19-1

巍巍高大之貌不與猶言不相關言其不以位爲樂也

○子曰大哉堯之爲君也巍巍乎唯天爲大唯堯則之蕩

蕩乎民無能名焉

唯猶獨也則猶準也蕩蕩廣遠之稱也言物之高大莫

有過於天者而獨堯之德能與之準故其德之廣遠亦

如天之不可以言語形容也

19-2

巍巍乎其有成功也煥乎其有文章

成功事業也煥光明之貌文章禮樂法度也堯之德不

可名其可見者此爾○尹氏曰天道之大無爲而成唯

堯則之以治天下故民無得而名焉所可名者其功業

文章巍然煥然而已

20-1 ○舜有臣五人而天下治

五人禹稷契皐陶伯益

20-2 武王曰予有亂臣十人

書泰誓之辭馬氏曰亂治也十人謂周公旦召公奭太公望畢公榮公太顚閎夭散宜生南宮适其一人謂文母劉侍讀以爲子無臣母之義蓋邑姜也九人治外邑姜治內或曰亂本作乿古治字也

20-3 孔子曰才難不其然乎唐虞之際於斯爲盛有婦人焉九人而已

稱孔子者上係武王君臣之際記者謹之才難蓋古語而孔子然之也才者德之用也唐虞堯舜有天下之號際交會之間言周室人才之多惟唐虞之際乃盛於此降自夏商皆不能及然猶但有此數人爾是才之難得也

三分天下有其二以服事殷周之德其可謂至德也已矣

春秋傳曰文王率商之畔國以事紂蓋天下歸文王者六州荊梁雍豫徐揚也惟青兖冀尚屬紂耳范氏曰文王之德足以代商天與之人歸之乃不取而服事焉所以爲至德也孔子因武王之言而及文王之德且與泰

伯皆以至德稱之其指微矣或曰宜斷三分以下別以

孔子曰起之而自爲一章

○子曰禹吾無間然矣菲飲食而致孝乎鬼神惡衣服而

致美乎黻冕卑宮室而盡力乎溝洫禹吾無間然矣

間罅隙也謂指其罅隙而非議之也菲薄也致孝鬼神

謂享祀豐潔衣服常服黻蔽膝也以韋爲之冕冠也皆

祭服也溝洫田間水道以正疆界備旱潦者也或豐或

儉各適其宜所以無罅隙之可議也故再言以深美之

○楊氏曰薄於自奉而所勤者民之事所致飾者宗廟

朝廷之禮所謂有天下而不與也夫何間然之有

子罕第九

凡三十章

1-1 ○子罕言利與命與仁

罕少也程子曰計利則害義命之理微仁之道大皆夫子所罕言也

2-1 ○達巷黨人曰大哉孔子博學而無所成名

達巷黨名其人姓名不傳博學而無所成名蓋美其學之博而惜其不成一藝之名也

2-2 子聞之謂門弟子曰吾何執執御乎執射乎吾執御矣

執專執也射御皆一藝而御爲人僕所執尤卑言欲使我何所執以成名乎然則吾將執御矣聞人譽己承之以謙也○尹氏曰聖人道全而德備不可以偏長目之也達巷黨人見孔子之大意其所學者博而惜其不以一善得名於世蓋慕聖人而不知者也故孔子曰欲使我何所執而得爲名乎然則吾將執御矣

○子曰麻冕禮也今也純儉吾從衆

麻冕緇布冠也純絲也儉謂省約緇布冠以三十升布爲之升八十縷則其經二千四百縷矣細密難成不如用絲之省約

3-2 拜下禮也今拜乎上泰也雖違衆吾從下

臣與君行禮當拜於堂下君辭之乃升成拜泰驕慢也○程子曰君子處世事之無害於義者從俗可也害於義則不可從也

4-1 ○子絕四毋意毋必毋固毋我

絕無之盡者毋史記作無是也意私意也必期必也固執滯也我私己也四者相爲終始起於意遂於必留於固而成於我也蓋意必常在事前固我常在事後至於我又生意則物欲牽引循環不窮矣○程子曰此毋字非禁止之辭聖人絕此四者何用禁止張子曰四者有

一焉則與天地不相似楊氏曰非知足以知聖人詳視
而默識之不足以記此

5-1 ○子畏於匡
畏者有戒心之謂匡地名史記云陽虎曾暴於匡夫子
貌似陽虎故匡人圍之

5-2 曰文王旣沒文不在茲乎
道之顯者謂之文蓋禮樂制度之謂不曰道而曰文亦
謙辭也茲此也孔子自謂

5-3 天之將喪斯文也後死者不得與於斯文也天之未喪斯
文也匡人其如予何

馬氏曰文王既沒故孔子自謂後死者言天若欲喪此文則必不使我得與於此文今我既得與於此文則是天未欲喪此文也天既未欲喪此文則匡人其奈我何言必不能違天害己也

6-1
○大宰問於子貢曰夫子聖者與何其多能也

孔氏曰大宰官名或吳或宋未可知也與者疑辭大宰蓋以多能爲聖也

6-2
子貢曰固天縱之將聖又多能也

縱猶肆也言不爲限量也將殆也謙若不敢知之辭聖無不通多能乃其餘事故言又以兼之

6-3

子聞之曰大宰知我乎吾少也賤故多能鄙事君子多乎哉不多也

言由少賤故多能而所能者鄙事爾非以聖而無不通也且多能非所以率人故又言君子不必多能以曉之

6-4

牢曰子云吾不試故藝

牢孔子弟子姓琴字子開一字子張試用也言由不爲世用故得以習於藝而通之○吳氏曰弟子記夫子此言之時子牢因言昔之所聞有如此者其意相近故幷記之

7-1

○子曰吾有知乎哉無知也有鄙夫問於我空空如也我

叩其兩端而竭焉

孔子謙言己無知識但其告人雖於至愚不敢不盡耳叩發動也兩端猶言兩頭言終始本末上下精粗無所不盡○程子曰聖人之教人俯就之若此猶恐衆人以爲高遠而不親也聖人之道必降而自卑不如此則人不親賢人之言則引而自高不如此則道不尊觀於孔子孟子可見矣尹氏曰聖人之言上下兼盡卽其近衆人皆可與知極其至則雖聖人亦無以加焉是之謂兩端如答樊遲之問仁智兩端竭盡無餘蘊矣若夫語上而遺下語理而遺物則豈聖人之言哉

8-1

○子曰鳳鳥不至河不出圖吾已矣夫

鳳靈鳥舜時來儀文王時鳴於岐山河圖河中龍馬負圖伏羲時出皆聖王之瑞也已止也○張子曰鳳至圖出文明之祥伏羲舜文之瑞不至則夫子之文章知其已矣

9-1

○子見齊衰者冕衣裳者與瞽者見之雖少必作過之必趨

齊衰喪服冕冠也衣上服裳下服冕而衣裳貴者之盛服也瞽無目者作起也趨疾行也或曰少當作坐○范氏曰聖人之心哀有喪尊有爵矜不成人其作與趨蓋

10-1

有不期然而然者尹氏曰此聖人之誠心內外一者也

○顏淵喟然歎曰仰之彌高鑽之彌堅瞻之在前忽焉在後

喟歎聲仰彌高不可及鑽彌堅不可入在前在後恍惚不可爲象此顏淵深知夫子之道無窮盡無方體而歎之也

10-2

夫子循循然善誘人博我以文約我以禮

循循有次序貌誘引進也博文約禮教之序也言夫子道雖高妙而教人有序也○侯氏曰博我以文致知格物也約我以禮克己復禮也程子曰此顏子稱聖人最

切當處聖人教人唯此二事而已

欲罷不能旣竭吾才如有所立卓爾雖欲從之末由也已

卓立貌末無也此顔子自言其學之所至也蓋悅之深

而力之盡所見益親而又無所用其力也吳氏曰所謂

卓爾亦在乎日用行事之間非所謂窈冥昏默者程子

曰到此地位工夫尤難直是峻絶又大段著力不得楊

氏曰自可欲之謂善充而至於大力行之積也大而化

之則非力行所及矣此顔子所以未達一間也〇程子

曰此顔子所以爲深知孔子而善學之者也胡氏曰無

上事而喟然歎此顔子學旣有得故述其先難之故後

得之由而歸功於聖人也高堅前後語道體也仰鑽瞻忽未領其要也惟夫子循循善誘先博我以文使我知古今達事變然後約我以禮使我尊所聞行所知如行者之赴家食者之求飽是以欲罷不能盡心盡力不少休廢然後見夫子所立之卓然雖欲從之末由也已是蓋不怠所從必求至乎卓立之地也抑斯歎也其在請事斯語之後三月不違之時乎

○子疾病子路使門人爲臣

夫子時已去位無家臣子路欲以家臣治其喪其意實尊聖人而未知所以尊也

11-2
病間曰久矣哉由之行詐也無臣而爲有臣吾誰欺欺天乎

病間少差也病時不知既差乃知其事故言我之不當有家臣人皆知之不可欺也而爲有臣則是欺天而已人而欺天莫大之罪引以自咎其責子路深矣

11-3
且予與其死於臣之手也無寧死於二三子之手乎且予縱不得大葬予死於道路乎

無寧寧也大葬謂君臣禮葬死於道路謂棄而不葬又曉之以不必然之故○范氏曰曾子將死起而易簀曰吾得正而斃焉斯已矣子路欲尊夫子而不知無臣之

不可爲有臣是以陷於行詐罪至欺天君子之於言動雖微不可不謹夫子深懲子路所以警學者也楊氏曰非知至而意誠則用智自私不知行其所無事往往自陷於行詐欺天而莫之知也其子路之謂乎

○子貢曰有美玉於斯韞匵而藏諸求善賈而沽諸子曰沽之哉沽之哉我待賈者也

韞藏也匵匱也沽賣也子貢以孔子有道不仕故設此二端以問也孔子言固當賣之但當待賈而不當求之耳○范氏曰君子未嘗不欲仕也又惡不由其道士之待禮猶玉之待賈也若伊尹之耕於野伯夷太公之居

於海濱世無成湯文王則終焉而已必不枉道以從人
衒玉而求售也

13-1 ○子欲居九夷
東方之夷有九種欲居之者亦乘桴浮海之意

13-2 或曰陋如之何子曰君子居之何陋之有
君子所居則化何陋之有

14-1 ○子曰吾自衛反魯然後樂正雅頌各得其所
魯哀公十一年冬孔子自衛反魯是時周禮在魯然詩
樂亦頗殘缺失次孔子周流四方參互考訂以知其說
晚知道終不行故歸而正之

15-1 ○子曰出則事公卿入則事父兄喪事不敢不勉不爲酒困何有於我哉

說見第七篇然此則其事愈卑而意愈切矣

16-1 ○子在川上曰逝者如斯夫不舍晝夜

天地之化往者過來者續無一息之停乃道體之本然也然其可指而易見者莫如川流故於此發以示人欲學者時時省察而無毫髮之間斷也○程子曰此道體也天運而不已日往則月來寒往則暑來水流而不息物生而不窮皆與道爲體運乎晝夜未嘗已也是以君子法之自强不息及其至也純亦不已焉又曰自漢以

來儒者皆不識此義此見聖人之心純亦不已也純亦
不已乃天德也有天德便可語王道其要只在謹獨愚
按自此至終篇皆勉人進學不已之辭

17-1 ○子曰吾未見好德如好色者也

謝氏曰好好色惡惡臭誠也好德如好色斯誠好德矣
然民鮮能之○史記孔子居衛靈公與夫人同車使孔
子爲次乘招搖市過之孔子醜之故有是言

18-1 ○子曰譬如爲山未成一簣止吾止也譬如平地雖覆一
簣進吾往也

簣土籠也書曰爲山九仞功虧一簣夫子之言蓋出於

此言山成而但少一簣其止者吾自止耳平地而方覆一簣其進者吾自往耳蓋學者自强不息則積少成多中道而止則前功盡棄其止其往皆在我而不在人也

19-1 ○子曰語之而不惰者其回也與

惰懈怠也范氏曰顔子聞夫子之言而心解力行造次顚沛未嘗違之如萬物得時雨之潤發榮滋長何有於惰此群弟子所不及也

20-1 ○子謂顔淵曰惜乎吾見其進也未見其止也

進止二字說見上章顔子旣死而孔子惜之言其方進而未已也

21-1 ○子曰苗而不秀者有矣夫秀而不實者有矣夫

穀之始生曰苗吐華曰秀成穀曰實蓋學而不至於成有如此者是以君子貴自勉也

22-1 ○子曰後生可畏焉知來者之不如今也四十五十而無聞焉斯亦不足畏也已

孔子言後生年富力强足以積學而有待其勢可畏安知其將來不如我之今日乎然或不能自勉至於老而無聞則不足畏矣言此以警人使及時勉學也曾子曰五十而不以善聞則不聞矣蓋述此意尹氏曰少而不勉老而無聞則亦已矣自少而進者安知其不至於極

乎是可畏也

○子曰法語之言能無從乎改之爲貴巽與之言能無說乎繹之爲貴說而不繹從而不改吾末如之何也已矣

法語者正言之也巽言者婉而導之也繹尋其緒也法言人所敬憚故必從然不改則面從而已巽言無所乖忤故必說然不繹則又不足以知其微意之所在也○楊氏曰法言若孟子論行王政之類是也巽言若其論好貨好色之類是也語之而不達拒之而不受猶之可也其或喩焉則尙庶幾其能改繹矣從且說矣而不改繹焉則是終不改繹也已雖聖人其如之何哉

24-1 25-1 26-1 26-2

○子曰主忠信毋友不如己者過則勿憚改

重出而逸其半

○子曰三軍可奪帥也匹夫不可奪志也

侯氏曰三軍之勇在人匹夫之志在己故帥可奪而志

不可奪如可奪則亦不足謂之志矣

○子曰衣敝縕袍與衣狐貉者立而不恥者其由也與

敝壞也縕枲著也袍衣有著者也蓋衣之賤者狐貉以

狐貉之皮爲裘衣之貴者子路之志如此則能不以貧

富動其心而可以進於道矣故夫子稱之

不忮不求何用不臧

忮害也求貪也臧善也言能不忮不求則何爲不善乎此衛風雄雉之詩孔子引之以美子路也呂氏曰貧與富交强者必忮弱者必求

子路終身誦之子曰是道也何足以臧

終身誦之則自喜其能而不復求進於道矣故夫子復言此以警之○謝氏曰恥惡衣惡食學者之大病善心不存蓋由於此子路之志如此其過人遠矣然以衆人而能此則可以爲善矣子路之賢宜不止此而終身誦之則非所以進於日新也故激而進之

○子曰歲寒然後知松柏之後彫也

范氏曰小人之在治世或與君子無異惟臨利害遇事變然後君子之所守可見也○謝氏曰士窮見節義世亂識忠臣欲學者必周于德

28-1
○子曰知者不惑仁者不憂勇者不懼

明足以燭理故不惑理足以勝私故不憂氣足以配道義故不懼此學之序也

29-1
○子曰可與共學未可與適道可與適道未可與立可與立未可與權

可與者言其可與共爲此事也程子曰可與共學知所以求之也可與適道知所往也可與立者篤志固執而

不變也權稱錘也所以稱物而知輕重者也可與權謂能權輕重使合義也○楊氏曰知爲己則可與共學矣學足以明善然後可與適道信道篤然後可與立知時措之宜然後可與權洪氏曰易九卦終於巽以行權權者聖人之大用未能立而言權猶人未能立而欲行鮮不仆矣程子曰漢儒以反經合道爲權故有權變權術之論皆非也權只是經也自漢以下無人識權字愚按先儒誤以此章連下文偏其反而爲一章故有反經合道之說程子非之是矣然以孟子嫂溺援之以手之義推之則權與經亦當有辨

○唐棣之華偏其反而豈不爾思室是遠而

唐棣郁李也偏晉書作翩然則反亦當與翻同言華之搖動也而助語也此逸詩也於六義屬興上兩句無意義但以起下兩句之辭耳其所謂爾亦不知其何所指也

子曰未之思也夫何遠之有

夫子借其言而反之蓋前篇仁遠乎哉之意○程子曰聖人未嘗言易以驕人之志亦未嘗言難以阻人之進但曰未之思也夫何遠之有此言極有涵蓄意思深遠

1-1

鄕黨第十

楊氏曰聖人之所謂道者不離乎日用之間也故夫子之平日一動一靜門人皆審視而詳記之尹氏曰甚矣孔門諸子之嗜學也於聖人之容色言動無不謹書而備錄之以貽後世今讀其書卽其事宛然如聖人之在目也雖然聖人豈拘拘而爲之者哉蓋盛德之至動容周旋自中乎禮耳學者欲潛心於聖人宜於此求焉舊說凡一章今分爲十七節

○孔子於鄕黨恂恂如也似不能言者

恂恂信實之貌似不能言者謙卑遜順不以賢知先人
也鄉黨父兄宗族之所在故孔子居之其容貌辭氣如
此

1-2

其在宗廟朝廷便便言唯謹爾
便便辯也宗廟禮法之所在朝廷政事之所出言不可
以不明辨故必詳問而極言之但謹而不放爾○此一
節記孔子在鄉黨宗廟朝廷言貌之不同

2-1

○朝與下大夫言侃侃如也與上大夫言誾誾如也
此君未視朝時也王制諸侯上大夫卿下大夫五人許
氏說文侃侃剛直也誾誾和悅而諍也

2-2 君在踧踖如也與與如也

君在視朝也踧踖恭敬不寧之貌與與威儀中適之貌張子曰與與不忘向君也亦通○此一節記孔子在朝廷事上接下之不同也

3-1 ○君召使擯色勃如也足躩如也

擯主國之君所使出接賓者勃變色貌躩盤辟貌皆敬君命故也

3-2 揖所與立左右手衣前後襜如也

所與立謂同爲擯者也擯用命數之半如上公九命則用五人以次傳命揖左人則左其手揖右人則右其手

襜整貌

3-3 趨進翼如也

疾趨而進張拱端好如鳥舒翼

3-4 賓退必復命曰賓不顧矣

紓君敬也○此一節記孔子爲君擯相之容

4-1 ○入公門鞠躬如也如不容

鞠躬曲身也公門高大而若不容敬之至也

4-2 立不中門行不履閾

中門中於門也謂當棖闑之間君出入處也閾門限也

禮士大夫出入公門由闑右不踐閾謝氏曰立中門則

4-3

當尊行履閾則不恪

過位色勃如也足躩如也其言似不足者

位君之虛位謂門屏之間人君宁立之處所謂宁也君雖不在過之必敬不敢以虛位而慢之也言似不足不敢肆也

4-4

攝齊升堂鞠躬如也屏氣似不息者

攝摳也齊衣下縫也禮將升堂兩手摳衣使去地尺恐躡之而傾跌失容也屏藏也息鼻息出入者也近至尊氣容肅也

4-5

出降一等逞顔色怡怡如也沒階趨翼如也復其位跛踖

如也

陸氏曰趨下本無進字俗本有之誤也○等階之級也
逞放也漸遠所尊舒氣解顏怡怡和悅也沒階下盡階
也趨走就位也復位踧踖敬之餘也○此一節記孔子

在朝之容

○執圭鞠躬如也如不勝上如揖下如授勃如戰色足蹜

蹜如有循

圭諸侯命圭聘問隣國則使大夫執以通信如不勝執
主器執輕如不克敬謹之至也上如揖下如授謂執圭
平衡手與心齊高不過揖卑不過授也戰色戰而色懼

也蹜蹜擧足促狹也如有循記所謂擧前曳踵言行不
離地如緣物也

5-2 享禮有容色

享獻也旣聘而享用圭璧有庭實有容色和也儀禮曰
發氣滿容

5-3 私覿愉愉如也

私覿以私禮見也愉愉則又和矣○此一節記孔子
爲君聘於隣國之禮也晁氏曰孔子定公九年仕魯至
十三年適齊其間絶無朝聘往來之事疑使擯執圭兩
條但孔子嘗言其禮當如此爾

6-1 ○君子不以紺緅飾

君子謂孔子紺深青揚赤色齊服也緅絳色三年之喪以飾練服也飾領緣也

6-2 紅紫不以爲褻服

紅紫間色不正且近於婦人女子之服也褻服私居服也言此則不以爲朝祭之服可知

6-3 當暑袗絺綌必表而出之

袗單也葛之精者曰絺麤者曰綌表而出之謂先著裏衣表絺綌而出之於外欲其不見體也詩所謂蒙彼縐絺是也

6-4 緇衣羔裘素衣麑裘黃衣狐裘

緇黑色羔裘用黑羊皮麑鹿子色白狐色黃衣以裼裘欲其相稱

6-5 褻裘長短右袂

長欲其溫短右袂所以便作事

6-6 必有寢衣長一身有半

齊主於敬不可解衣而寢又不可著明衣而寢故別有寢衣其半蓋以覆足程子曰此錯簡當在齊必有明衣布之下愚謂如此則此條與明衣變食旣得以類相從而褻裘狐貉亦得以類相從矣

6-7 狐貉之厚以居

狐貉毛深溫厚私居取其適體

6-8 去喪無所不佩

君子無故玉不去身觿礪之屬亦皆佩也

6-9 非帷裳必殺之

朝祭之服裳用正幅如帷要有襞積而旁無殺縫其餘若深衣要半下齊倍要則無襞積而有殺縫矣

6-10 羔裘玄冠不以弔

喪主素吉主玄弔必變服所以哀死

6-11 吉月必朝服而朝

吉月月朔也孔子在魯致仕時如此○此一節記孔子
衣服之制蘇氏曰此孔氏遺書雜記曲禮非特孔子事
也

7-1 ○齊必有明衣布

齊必沐浴浴竟卽著明衣所以明潔其體也以布爲之
此下脫前章寢衣一簡

7-2 齊必變食居必遷坐

變食謂不飲酒不茹葷遷坐易常處也○此一節記孔
子謹齊之事楊氏曰齊所以交神故致潔變常以盡敬

8-1 ○食不厭精膾不厭細

食飯也精鑿也牛羊與魚之腥聶而切之爲膾食精則能養人膾麤則能害人不厭言以是爲善非謂必欲如是也

8-2

食饐而餲魚餒而肉敗不食色惡不食臭惡不食失飪不食不時不食

饐飯傷熱濕也餲味變也魚爛曰餒肉腐曰敗色惡臭惡未敗而色臭變也飪烹調生熟之節也不時五穀不成果實未熟之類此數者皆足以傷人故不食

8-3

割不正不食不得其醬不食

割肉不方正者不食造次不離於正也漢陸續之母切

肉未嘗不方斷葱以寸爲度蓋其質美與此暗合也食肉用醬各有所宜不得則不食惡其不備也此二者無害於人但不以嗜味而苟食耳

8-4 肉雖多不使勝食氣唯酒無量不及亂

食以穀爲主故不使肉勝食氣酒以爲人合懽故不爲量但以醉爲節而不及亂耳程子曰不及亂者非唯不使亂志雖血氣亦不可使亂但浹洽而已可也

8-5 沽酒市脯不食

沽市皆買也恐不精潔或傷人也與不嘗康子之藥同意

8-6
不撤薑食
薑通神明去穢惡故不撤

8-7
不多食
適可而止無貪心也

8-8
祭於公不宿肉祭肉不出三日出三日不食之矣
助祭於公所得胙肉歸卽頒賜不俟經宿者不留神惠也家之祭肉則不過三日皆以分賜蓋過三日則肉必敗而人不食之是褻鬼神之餘也但比君所賜胙可少緩耳

8-9
食不語寢不言

答述曰語自言曰言范氏曰聖人存心不他當食而食當寢而寢言語非其時也楊氏曰肺爲氣主而聲出焉寢食則氣室而不通語言恐傷之也亦通

雖疏食菜羹瓜祭必齊如也

陸氏曰魯論瓜作必○古人飮食每種各出少許置之豆間之地以祭先代始爲飮食之人不忘本也齊嚴敬貌孔子雖薄物必祭其祭必敬聖人之誠也○此一節記孔子飮食之節謝氏曰聖人飮食如此非極口腹之欲蓋養氣體不以傷生當如此然聖人之所不食窮口腹者或反食之欲心勝而不暇擇也

9-1
○席不正不坐
謝氏曰聖人心安於正故於位之不正者雖小不處
10-1
○鄉人飮酒杖者出斯出矣
杖者老人也六十杖於鄉未出不敢先旣出不敢後
10-2
鄉人儺朝服而立於阼階
儺所以逐疫周禮方相氏掌之阼階東階也儺雖古禮
而近於戲亦朝服而臨之者無所不用其誠敬也或曰
恐其驚先祖五祀之神欲其依己而安也○此一節記
孔子居鄉之事
11-1
○問人於他邦再拜而送之

拜送使者如親見之敬也

11-2
康子饋藥拜而受之曰丘未達不敢嘗

范氏曰凡賜食必嘗以拜藥未達則不敢嘗受而不食則虛人之賜故告之如此然則可飲而飲不可飲而不飲皆在其中矣楊氏曰大夫有賜拜而受之禮也未達不敢嘗謹疾也必告之直也○此一節記孔子與人交之誠意

12-1
○廐焚子退朝曰傷人乎不問馬

非不愛馬然恐傷人之意多故未暇問蓋貴人賤畜理當如此

13-1
○君賜食必正席先嘗之君賜腥必熟而薦之君賜生必畜之

食恐或餕餘故不以薦正席先嘗如對君也言先嘗則餘當以頒賜矣腥生肉熟而薦之祖考榮君賜也畜之者仁君之惠無故不敢殺也

13-2
侍食於君君祭先飯

周禮王日一擧膳夫授祭品嘗食王乃食故侍食者君祭則己不祭而先飯若爲君嘗食然不敢當客禮也

13-3
疾君視之東首加朝服拖紳

東首以受生氣也病臥不能著衣束帶又不可以褻服

見君故加朝服於身又引大帶於上也

13-4 君命召不俟駕行矣

急趨君命行出而駕車隨之○此一節記孔子事君之禮

13-5 入太廟每事問

重出

14-1 ○朋友死無所歸曰於我殯

朋友以義合死無所歸不得不殯

14-2 朋友之饋雖車馬非祭肉不拜

朋友有通財之義故雖車馬之重不拜祭肉則拜者敬

其祖考同於己親也○此一節記孔子交朋友之義

15-1 ○寢不尸居不容

尸謂偃臥似死人也居居家容容儀范氏曰寢不尸非惡其類於死也惰慢之氣不設於身體雖舒布其四體而亦未嘗肆耳居不容非惰也但不若奉祭祀見賓客而已申申夭夭是也

15-2 見齊衰者雖狎必變見冕者與瞽者雖褻必以貌

狎謂素親狎褻謂燕見貌謂禮貌餘見前篇

15-3 凶服者式之式負版者

式車前橫木有所敬則俯而憑之負版持邦國圖籍者

式此二者哀有喪重民數也人惟萬物之靈而王者之
所天也故周禮獻民數於王王拜受之況其下者敢不
敬乎

15-4 有盛饌必變色而作
敬主人之禮非以其饌也

15-5 迅雷風烈必變
迅疾也烈猛也必變者所以敬天之怒記曰若有疾風
迅雷甚雨則必變雖夜必興衣服冠而坐○此一節記
孔子容貌之變

16-1 ○升車必正立執綏

17-1 16-2

綏挽以上車之索也范氏曰正立執綏則心體無不正而誠意肅恭矣蓋君子莊敬無所不在升車則見於此也

車中不內顧不疾言不親指

內顧回視也禮曰顧不過轂三者皆失容且惑人○此一節記孔子升車之容

○色斯擧矣翔而後集

言鳥見人之顔色不善則飛去回翔審視而後下止人之見幾而作審擇所處亦當如此然此上下必有闕文矣

曰山梁雌雉時哉時哉子路共之三嗅而作

邢氏曰梁橋也時哉言雉之飮啄得其時子路不達以爲時物而共具之孔子不食三嗅其氣而起晁氏曰石經嗅作戞謂雉鳴也劉聘君曰嗅當作狊古闃反張兩翅也見爾雅愚按如後兩說則共字當爲拱執之義然此必有闕文不可强爲之說姑記所聞以俟知者

先進第十一

此篇多評弟子賢否凡二十五章胡氏曰此篇記閔子騫言行者四而其一直稱閔子疑閔氏門人所記也

○子曰先進於禮樂野人也後進於禮樂君子也

先進後進猶言前輩後輩野人謂郊外之民君子謂賢士大夫也程子曰先進於禮樂文質得宜今反謂之質朴而以爲野人後進之於禮樂文過其質今反謂之彬彬而以爲君子蓋周末文勝故時人之言如此不自知其過於文也

1-2 如用之則吾從先進

用之謂用禮樂孔子既述時人之言又自言其如此蓋
欲損過以就中也

2-1 ○子曰從我於陳蔡者皆不及門也

孔子嘗厄於陳蔡之間弟子多從之者此時皆不在門
故孔子思之蓋不忘其相從於患難之中也

2-2 德行顏淵閔子騫冉伯牛仲弓言語宰我子貢政事冉有
季路文學子游子夏

弟子因孔子之言記此十人而幷目其所長分爲四科
孔子教人各因其材於此可見○程子曰四科乃從夫

3-1 4-1

子於陳蔡者爾門人之賢者固不止此曾子傳道而不與焉故知十哲世俗論也

○子曰回也非助我者也於吾言無所不說

助我若子夏之起予因疑問而有以相長也顏子於聖人之言默識心通無所疑問故夫子云然其辭若有憾焉其實乃深喜之○胡氏曰夫子之於回豈眞以助我望之蓋聖人之謙德又以深贊顏氏云爾

○子曰孝哉閔子騫人不間於其父母昆弟之言

胡氏曰父母兄弟稱其孝友人皆信之無異辭者蓋其孝友之實有以積於中而著於外故夫子嘆而美之

5-1

○南容三復白圭孔子以其兄之子妻之

詩大雅抑之篇曰白圭之玷尙可磨也斯言之玷不可爲也南容一日三復此言事見家語蓋深有意於謹言也此邦有道所以不廢邦無道所以免禍故孔子以兄子妻之○范氏曰言者行之表行者言之實未有易其言而能謹於行者南容欲謹其言如此則必能謹其行矣

6-1

○季康子問弟子孰爲好學孔子對曰有顔回者好學不幸短命死矣今也則亡

范氏曰哀公康子問同而對有詳略者臣之告君不可

不盡若康子者必待其能問乃告之此教誨之道也

7-1 ○顏淵死顏路請子之車以爲之椁

顏路淵之父名無繇少孔子六歲孔子始教而受學焉椁外棺也請爲椁欲賣車以買椁也

7-2 子曰才不才亦各言其子也鯉也死有棺而無椁吾不徒行以爲之椁以吾從大夫之後不可徒行也

鯉孔子之子伯魚也先孔子卒言鯉之才雖不及顏淵然已與顏路以父視之則皆子也孔子時已致仕尙從大夫之列言後謙辭○胡氏曰孔子遇舊館人之喪嘗脫驂以賻之矣今乃不許顏路之請何耶葬可以無椁

驂可以脫而復求大夫不可以徒行命車不可以與人
而鬻諸市也且爲所識窮乏者得我而勉强以副其意
豈誠心與直道哉或者以爲君子行禮視吾之有無而
已夫君子之用財視義之可否豈獨視有無而已哉

8-1 ○顔淵死子曰噫天喪予天喪予
噫傷痛聲悼道無傳若天喪己也

9-1 ○顔淵死子哭之慟從者曰子慟矣
慟哀過也

9-2 曰有慟乎
哀傷之至不自知也

9-3 非夫人之爲慟而誰爲

夫人謂顏淵言其死可惜哭之宜慟非他人之比也○胡氏曰痛惜之至施當其可皆情性之正也

10-1 ○顏淵死門人欲厚葬之子曰不可

喪具稱家之有無貧而厚葬不循理也故夫子止之

10-2 門人厚葬之

蓋顏路聽之

10-3 子曰回也視予猶父也予不得視猶子也非我也夫二三子也

嘆不得如葬鯉之得宜以責門人也

○季路問事鬼神子曰未能事人焉能事鬼敢問死曰未知生焉知死

問事鬼神蓋求所以奉祭祀之意而死者人之所必有不可不知皆切問也然非誠敬足以事人則必不能事神非原始而知所以生則必不能反終而知所以死蓋幽明始終初無二理但學之有序不可躐等故夫子告之如此○程子曰晝夜者死生之道也知生之道則知死之道盡事人之道則盡事鬼之道死生人鬼一而二二而一者也或言夫子不告子路不知此乃所以深告之也

12-1 ○閔子侍側誾誾如也子路行行如也冉有子貢侃侃如
也子樂

行行剛强之貌子樂者樂得英才而教育之

12-2 若由也不得其死然

尹氏曰子路剛强有不得其死之理故因以戒之其後
子路卒死於衛孔悝之難洪氏曰漢書引此句上有曰
字或云上文樂字卽曰字之誤

13-1 ○魯人爲長府

長府藏名藏貨財曰府爲蓋改作之

13-2 閔子騫曰仍舊貫如之何何必改作

仍因也貫事也王氏曰改作勞民傷財在於得已則不如仍舊貫之善

13-3 子曰夫人不言言必有中

言不妄發發必當理惟有德者能之

14-1 ○子曰由之瑟奚爲於丘之門

程子曰言其聲之不和與己不同也家語云子路鼓瑟有北鄙殺伐之聲蓋其氣質剛勇而不足於中和故其發於聲者如此

14-2 門人不敬子路子曰由也升堂矣未入於室也

門人以夫子之言遂不敬子路故夫子釋之升堂入室

喩入道之次第言子路之學已造乎正大高明之域特
未深入精微之奧耳未可以一事之失而遽忽之也

15-1 ○子貢問師與商也孰賢子曰師也過商也不及

子張才高意廣而好爲苟難故常過中子夏篤信謹守
而規模狹隘故常不及

15-2 曰然則師愈與

愈猶勝也

15-3 子曰過猶不及

道以中庸爲至賢知之過雖若勝於愚不肖之不及然
其失中則一也○尹氏曰中庸之爲德也其至矣乎夫

過與不及均也差之毫釐繆以千里故聖人之教抑其
過引其不及歸於中道而已

16-1 ○季氏富於周公而求也爲之聚斂而附益之

周公以王室至親有大功位冢宰其富宜矣季氏以諸
侯之卿而富過之非攘奪其君刻剝其民何以得此冉
求爲季氏宰又爲之急賦稅以益其富

16-2 子曰非吾徒也小子鳴鼓而攻之可也

非吾徒絶之也小子鳴鼓而攻之使門人聲其罪以責
之也聖人之惡黨惡而害民也如此然師嚴而友親故
已絶之而猶使門人正之又見其愛人之無已也○范

氏曰冉有以政事之才施於季氏故爲不善至於如此由其心術不明不能反求諸身而以仕爲急故也

17-1 ○柴也愚

柴孔子弟子姓高字子羔愚者知不足而厚有餘家語記其足不履影啓蟄不殺方長不折執親之喪泣血三年未嘗見齒避難而行不徑不竇可以見其爲人矣

17-2 參也魯

魯鈍也程子曰參也竟以魯得之又曰曾子之學誠篤而已聖門學者聰明才辨不爲不多而卒傳其道乃質魯之人爾故學以誠實爲貴也尹氏曰曾子之才魯故

其學也確所以能深造乎道也

17-3 師也辟

辟便辟也謂習於容止少誠實也

17-4 由也喭

喭粗俗也傳稱喭者謂俗論也○楊氏曰四者性之偏

語之使知自勵也吳氏曰此章之首脫子曰二字或疑

下章子曰當在此章之首而通爲一章

18-1 ○子曰回也其庶乎屢空

庶近也言近道也屢空數至空匱也不以貧窶動心而

求富故屢至於空匱也言其近道又能安貧也

賜不受命而貨殖焉億則屢中

命謂天命貨殖貨財生殖也億意度也言子貢不如顏子之安貧樂道然其才識之明亦能料事而多中也程子曰子貢之貨殖非若後人之豐財但此心未忘耳然此亦子貢少時事至聞性與天道則不爲此矣〇范氏曰屢空者簞食瓢飮屢絶而不改其樂也天下之物豈有可動其中者哉貧富在天而子貢以貨殖爲心則是不能安受天命矣其言而多中者億而已非窮理樂天者也夫子嘗曰賜不幸言而中是使賜多言也聖人之不貴言也如是

19-1

○子張問善人之道子曰不踐迹亦不入於室

善人質美而未學者也程子曰踐迹如言循途守轍善人雖不必踐舊迹而自不爲惡然亦不能入聖人之室也○張子曰善人欲仁而未志於學者也欲仁故雖不踐成法亦不蹈於惡有諸己也由不學故無自而入聖人之室也

20-1

○子曰論篤是與君子者乎色莊者乎

言但以其言論篤實而與之則未知爲君子者乎爲色莊者乎言不可以言貌取人也

21-1

○子路問聞斯行諸子曰有父兄在如之何其聞斯行之

冉有問聞斯行諸子曰聞斯行之公西華曰由也問聞斯行諸子曰有父兄在求也問聞斯行諸子曰聞斯行之赤也惑敢問子曰求也退故進之由也兼人故退之

兼人謂勝人也張敬夫曰聞義固當勇爲然有父兄在則有不可得而專者若不稟命而行則反傷於義矣子路有聞未之能行惟恐有聞則於所當爲不患其不能爲矣特患爲之之意或過而於所當稟命者有闕耳若冉求之資稟失之弱不患其不稟命也患其於所當爲者逡巡畏縮而爲之不勇耳聖人一進之一退之所以約之於義理之中而使之無過不及之患也

○子畏於匡顏淵後子曰吾以女爲死矣曰子在回何敢死

後謂相失在後何敢死謂不赴鬭而必死也胡氏曰先王之制民生於三事之如一惟其所在則致死焉況顏淵之於孔子恩義兼盡又非他人之爲師弟子者而已卽夫子不幸而遇難回必捐生以赴之矣捐生以赴之幸而不死則必上告天子下告方伯請討以復讐不但已也夫子而在則回何爲而不愛其死以犯匡人之鋒乎

○季子然問仲由冉求可謂大臣與

子然季氏子弟自多其家得臣二子故問之

23-2 子曰吾以子爲異之問曾由與求之問

異非常也曾猶乃也輕二子以抑季然也

23-3 所謂大臣者以道事君不可則止

以道事君者不從君之欲不可則止者必行己之志

23-4 今由與求也可謂具臣矣

具臣謂備臣數而已

23-5 曰然則從之者與

意二子既非大臣則從季氏之所爲而已

23-6 子曰弒父與君亦不從也

言二子雖不足於大臣之道然君臣之義則聞之熟矣弑逆大故必不從之蓋深許二子以死難不可奪之節而又以陰折季氏不臣之心也○尹氏曰季氏專權僭竊二子仕其家而不能正也知其不可而不能止也可謂具臣矣是時季氏已有無君之心故自多其得人意其可使從己也故曰弑父與君亦不從也其庶乎二子可免矣

24-1 ○子路使子羔爲費宰

子路爲季氏宰而擧之也

24-2 子曰賊夫人之子

賊害也言子羔質美而未學遽使治民適以害之

24-3

子路曰有民人焉有社稷焉何必讀書然後爲學

言治民事神皆所以爲學

24-4

子曰是故惡夫佞者

治民事神固學者事然必學之已成然後可仕以行其學若初未嘗學而使之卽仕以爲學其不至於慢神而虐民者幾希矣子路之言非其本意但理屈詞窮而取辦於口以禦人耳故夫子不斥其非而特惡其佞也○范氏曰古者學而後入政未聞以政學者也蓋道之本在於修身而後及於治人其說具於方冊讀而知之然

後能行何可以不讀書也子路乃欲使子羔以政爲學
失先後本末之序矣不知其過而以口給禦人故夫子
惡其佞也

25-1 ○子路曾晳冉有公西華侍坐

晳曾參父名點

25-2 子曰以吾一日長乎爾毋吾以也

言我雖年少長於女然女勿以我長而難言蓋誘之盡
言以觀其志而聖人和氣謙德於此亦可見矣

25-3 居則曰不吾知也如或知爾則何以哉

言女平居則言人不知我如或有人知女則女將何以

25-5 25-4

爲用也

子路率爾而對曰千乘之國攝乎大國之間加之以師旅因之以饑饉由也爲之比及三年可使有勇且知方也夫子哂之

率爾輕遽之貌攝管束也二千五百人爲師五百人爲旅因仍也穀不熟曰饑菜不熟曰饉方向也謂向義也民向義則能親其上死其長矣哂微笑也

求爾何如對曰方六七十如五六十求也爲之比及三年可使足民如其禮樂以俟君子

求爾何如孔子問也下放此方六七十里小國也如猶

或也五六十里則又小矣足富足也俟君子言非己所
能冉有謙退又以子路見哂故其辭益遜

25-6 赤爾何如對曰非曰能之願學焉宗廟之事如會同端章
甫願爲小相焉

公西華志於禮樂之事嫌以君子自居故將言己志而
先爲遜辭言未能而願學也宗廟之事謂祭祀諸侯時
見曰會衆覜曰同端玄端服章甫禮冠相贊君之禮者
言小亦謙辭

25-7 點爾何如鼓瑟希鏗爾舍瑟而作對曰異乎三子者之撰
子曰何傷乎亦各言其志也曰莫春者春服旣成冠者五

六人童子六七人浴乎沂風乎舞雩詠而歸夫子喟然嘆曰吾與點也

四子侍坐以齒爲序則點當次對以方鼓瑟故孔子先問求赤而後及點也希間歇也作起也撰具也莫春和煦之時春服單袷之衣浴盥濯也今上巳祓除是也沂水名在魯城南地志以爲有溫泉焉理或然也風乘涼也舞雩祭天禱雨之處有壇墠樹木也詠歌也曾點之學蓋有以見夫人欲盡處天理流行隨處充滿無少欠闕故其動靜之際從容如此而其言志則又不過卽其所居之位樂其日用之常初無舍己爲人之意而其胸

次悠然直與天地萬物上下同流各得其所之妙隱然
自見於言外視三子規規於事爲之末者其氣象不侔
矣故夫子歎息而深許之而門人記其本末獨加詳焉
蓋亦有以識此矣

25-8 三子者出曾皙後曾皙曰夫三子者之言何如子曰亦各
言其志也已矣曰夫子何哂由也
點以子路之志乃所優爲而夫子哂之故請其說

25-9 曰爲國以禮其言不讓是故哂之
夫子蓋許其能特哂其不遜

25-10 唯求則非邦也與安見方六七十如五六十而非邦也者

曾點以冉求亦欲爲國而不見哂故微問之而夫子之答無貶詞蓋亦許之

唯赤則非邦也與宗廟會同非諸侯而何赤也爲之小孰能爲之大

此亦曾晳問而夫子答也孰能爲之大言無能出其右者亦許之之詞○程子曰古之學者優柔厭飫有先後之序如子路冉有公西赤言志如此夫子許之亦以此自是實事後之學者好高如人游心千里之外然自身却只在此又曰孔子與點蓋與聖人之志同便是堯舜氣象也誠異三子者之撰特行有不掩焉耳此所謂狂

也子路等所見者小子路只爲不達爲國以禮道理是以哂之若達却便是這氣象也又曰三子皆欲得國而治之故夫子不取曾點狂者也未必能爲聖人之事而能知夫子之志故曰浴乎沂風乎舞雩詠而歸言樂而得其所也孔子之志在於老者安之朋友信之少者懷之使萬物莫不遂其性曾點知之故孔子喟然嘆曰吾與點也又曰曾點漆雕開已見大意

顏淵第十二

凡二十四章

○顏淵問仁子曰克己復禮爲仁一日克己復禮天下歸仁焉爲仁由己而由人乎哉

仁者本心之全德克勝也己謂身之私欲也復反也禮者天理之節文也爲仁者所以全其心之德也蓋心之全德莫非天理而亦不能不壞於人欲故爲仁者必有以勝私欲而復於禮則事皆天理而本心之德復全於我矣歸猶與也又言一日克己復禮則天下之人皆與

其仁極言其效之甚速而至大也又言爲仁由己而非他人所能預又見其機之在我而無難也日日克之不以爲難則私欲淨盡天理流行而仁不可勝用矣程子曰非禮處便是私意既是私意如何得仁須是克盡己私皆歸於禮方始是仁又曰克己復禮則事事皆仁故曰天下歸仁謝氏曰克己須從性偏難克處克將去

顏淵曰請問其目子曰非禮勿視非禮勿聽非禮勿言非禮勿動顏淵曰回雖不敏請事斯語矣

目條件也顏淵聞夫子之言則於天理人欲之際已判然矣故不復有所疑問而直請其條目也非禮者己之

私也勿者禁止之辭是人心之所以爲主而勝私復禮之機也私勝則動容周旋無不中禮而日用之間莫非天理之流行矣事如事事之事請事斯語顏淵默識其理又自知其力有以勝之故直以爲己任而不疑也○程子曰顏淵問克己復禮之目子曰非禮勿視非禮勿聽非禮勿言非禮勿動四者身之用也由乎中而應乎外制於外所以養其中也顏淵事斯語所以進於聖人後之學聖人者宜服膺而勿失也因箴以自警其視箴曰心兮本虛應物無迹操之有要視爲之則蔽交於前其中則遷制之於外以安其內克己復禮久而誠矣其

聽箴曰人有秉彛本乎天性知誘物化遂亡其正卓彼先覺知止有定閑邪存誠非禮勿聽其言箴曰人心之動因言以宣發禁躁妄內斯靜專矧是樞機興戎出好吉凶榮辱惟其所召傷易則誕傷煩則支己肆物忤出悖來違非法不道欽哉訓辭其動箴曰哲人知幾誠之於思志士勵行守之於爲順理則裕從欲惟危造次克念戰兢自持習與性成聖賢同歸愚按此章問答乃傳授心法切要之言非至明不能察其幾非至健不能致其決故惟顏子得聞之而凡學者亦不可以不勉也程子之箴發明親切學者尤宜深玩

○仲弓問仁子曰出門如見大賓使民如承大祭己所不欲勿施於人在邦無怨在家無怨仲弓曰雍雖不敏請事斯語矣

敬以持己恕以及物則私意無所容而心德全矣內外無怨亦以其效言之使以自考也○程子曰孔子言仁只說出門如見大賓使民如承大祭看其氣象便須心廣體胖動容周旋中禮唯謹獨便是守之之法或問出門使民之時如此可也未出門使民之時如之何曰此儼若思時也有諸中而後見於外觀其出門使民之時其敬如此則前乎此者敬可知矣非因出門使民然後

有此敬也愚按克己復禮乾道也主敬行恕坤道也顔
冉之學其高下淺深於此可見然學者誠能從事於敬
恕之間而有得焉亦將無己之可克矣

3-1 ○司馬牛問仁

司馬牛孔子弟子名犁向魋之弟

3-2 子曰仁者其言也訒

訒忍也難也仁者心存而不放故其言若有所忍而不
易發蓋其德之一端也夫子以牛多言而躁故告之以
此使其於此而謹之則所以爲仁之方不外是矣

3-3 曰其言也訒斯謂之仁矣乎子曰爲之難言之得無訒乎

牛意仁道至大不但如夫子之所言故夫子又告之以此蓋心常存故事不苟事不苟故其言自有不得而易者非强閉之而不出也楊氏曰觀此及下章再問之語牛之易其言可知○程子曰雖爲司馬牛多言故及此然聖人之言亦止此爲是愚謂牛之爲人如此若不告之以其病之所切而泛以爲仁之大槪語之則以彼之躁必不能深思以去其病而終無自以入德矣故其告之如此蓋聖人之言雖有高下大小之不同然其切於學者之身而皆爲入德之要則又初不異也讀者其致思焉

4-1 ○司馬牛問君子子曰君子不憂不懼

向魋作亂牛常憂懼故夫子告之以此

4-2 曰不憂不懼斯謂之君子矣乎子曰內省不疚夫何憂何懼

牛之再問猶前章之意故復告之以此疚病也言由其平日所爲無愧於心故能內省不疚而自無憂懼未可遽以爲易而忽之也○晁氏曰不憂不懼由乎德全而無疵故無入而不自得非實有憂懼而强排遣之也

5-1 ○司馬牛憂曰人皆有兄弟我獨亡

牛有兄弟而云然者憂其爲亂而將死也

5-2 子夏曰商聞之矣

蓋聞之夫子

5-3 死生有命富貴在天

命稟於有生之初非今所能移天莫之爲而爲非我所能必但當順受而已

5-4 君子敬而無失與人恭而有禮四海之內皆兄弟也君子何患乎無兄弟也

旣安於命又當修其在己者故又言苟能持己以敬而不間斷接人以恭而有節文則天下之人皆愛敬之如兄弟矣蓋子夏欲以寬牛之憂而爲是不得已之辭讀

者不以辭害意可也○胡氏曰子夏四海皆兄弟之言特以廣司馬牛之意意圓而語滯者也唯聖人則無此病矣且子夏知此而以哭子喪明則以蔽於愛而昧於理是以不能踐其言爾

○子張問明子曰浸潤之譖膚受之愬不行焉可謂明也已矣浸潤之譖膚受之愬不行焉可謂遠也已矣

浸潤如水之浸灌滋潤漸漬而不驟也譖毁人之行也膚受謂肌膚所受利害切身如易所謂剝床以膚切近災者也愬愬己之冤也毁人者漸漬而不驟則聽者不覺其入而信之深矣愬冤者急迫而切身則聽者不及

致詳而發之暴矣二者難察而能察之則可見其心之明而不蔽於近矣此亦必因子張之失而告之故其辭繁而不殺以致丁寧之意云○楊氏曰驟而語之與利害不切於身者不行焉有不待明者能之也故浸潤之譖膚受之愬不行然後謂之明而又謂之遠遠則明之至也書曰視遠惟明

7-1
○子貢問政子曰足食足兵民信之矣

言倉廩實而武備修然後教化行而民信於我不離叛也

7-2
子貢曰必不得已而去於斯三者何先曰去兵

言食足而信孚則無兵而守固矣

子貢曰必不得已而去於斯二者何先曰去食自古皆有死民無信不立

民無食必死然死者人之所必不免無信則雖生而無以自立不若死之爲安故寧死而不失信於民使民亦寧死而不失信於我也○程子曰孔門弟子善問直窮到底如此章者非子貢不能問非聖人不能答也愚謂以人情而言則兵食足而後吾之信可以孚於民以德而言則信本人之所固有非兵食所得而先也是以爲政者當身率其民而以死守之不以危急而可棄也

8-1 ○棘子成曰君子質而已矣何以文爲

棘子成衛大夫疾時人文勝故爲此言

8-2 子貢曰惜乎夫子之說君子也駟不及舌

言子成之言乃君子之意然言出於舌則駟馬不能追之又惜其失言也

8-3 文猶質也質猶文也虎豹之鞟猶犬羊之鞟

鞟皮去毛者也言文質等耳不可相無若必盡去其文而獨存其質則君子小人無以辨矣夫棘子成矯當時之弊固失之過而子貢矯子成之弊又無本末輕重之差胥失之矣

9-1

○哀公問於有若曰年饑用不足如之何

稱有若者君臣之詞用謂國用公意蓋欲加賦以足用也

9-2

有若對曰盍徹乎

徹通也均也周制一夫受田百畝而與同溝共井之人通力合作計畝均收大率民得其九公取其一故謂之徹魯自宣公稅畝又逐畝什取其一則爲什而取二矣故有若請但專行徹法欲公節用以厚民也

9-3

曰二吾猶不足如之何其徹也

二卽所謂什二也公以有若不喩其旨故言此以示加

賦之意

對曰百姓足君孰與不足百姓不足君孰與足

民富則君不至獨貧民貧則君不能獨富有若深言君民一體之意以止公之厚斂爲人上者所宜深念也○楊氏曰仁政必自經界始經界正而後井地均穀祿平而軍國之須皆量是以爲出焉故一徹而百度擧矣上下寧憂不足乎以二猶不足而敎之徹疑若迂矣然什一天下之中正多則桀寡則貉不可改也後世不究其本而唯末之圖故征斂無藝費出無經而上下困矣又惡知盍徹之當務而不爲迂乎

10-1 ○子張問崇德辨惑子曰主忠信徙義崇德也

主忠信則本立徙義則日新

10-2 愛之欲其生惡之欲其死既欲其生又欲其死是惑也

愛惡人之常情也然人之生死有命非可得而欲也以愛惡而欲其生死則惑矣既欲其生又欲其死則惑之甚也

10-3 誠不以富亦祇以異

此詩小雅我行其野之詞也舊說夫子引之以明欲其生死者不能使之生死如此詩所言不足以致富而適足以取異也程子曰此錯簡當在第十六篇齊景公有

馬千駟之上因此下文亦有齊景公字而誤也○楊氏曰堂堂乎張也難與竝爲仁矣則非誠善補過不蔽於私者故告之如此

11-1 ○齊景公問政於孔子

齊景公名杵臼魯昭公末年孔子適齊

11-2 孔子對曰君君臣臣父父子子

此人道之大經政事之根本也是時景公失政而大夫陳氏厚施於國景公又多內嬖而不立太子其君臣父子之間皆失其道故夫子告之以此

11-3 公曰善哉信如君不君臣不臣父不父子不子雖有粟吾

得而食諸

景公善孔子之言而不能用其後果以繼嗣不定啓陳氏弒君簒國之禍○楊氏曰君之所以君臣之所以臣父之所以父子之所以子是必有道矣景公知善夫子之言而不知反求其所以然蓋悅而不繹者齊之所以卒於亂也

12-1 ○子曰片言可以折獄者其由也與

片言半言折斷也子路忠信明決故言出而人信服之不待其辭之畢也

12-2 子路無宿諾

宿留也猶宿怨之宿急於踐言不留其諾也記者因夫子之言而記此以見子路之所以取信於人者由其養之有素也○尹氏曰小邾射以句繹奔魯曰使季路要我吾無盟矣千乘之國不信其盟而信子路之一言其見信於人可知矣一言而折獄者信在言前人自信之故也不留諾所以全其信也

○子曰聽訟吾猶人也必也使無訟乎

范氏曰聽訟者治其末塞其流也正其本清其源則無訟矣○楊氏曰子路片言可以折獄而不知以禮遜爲國則未能使民無訟者也故又記孔子之言以見聖人

不以聽訟爲難而以使民無訟爲貴

14-1 ○子張問政子曰居之無倦行之以忠

居謂存諸心無倦則始終如一行謂發於事以忠則表裏如一○程子曰子張少仁無誠心愛民則必倦而不盡心故告之以此

15-1 ○子曰博學於文約之以禮亦可以弗畔矣夫

重出

16-1 ○子曰君子成人之美不成人之惡小人反是

成者誘掖奬勸以成其事也君子小人所存旣有厚薄之殊而其所好又有善惡之異故其用心不同如此

○季康子問政於孔子孔子對曰政者正也子帥以正孰敢不正

范氏曰未有己不正而能正人者○胡氏曰魯自中葉政由大夫家臣效尤據邑背叛不正甚矣故孔子以是告之欲康子以正自克而改三家之故惜乎康子之溺於利欲而不能也

○季康子患盜問於孔子孔子對曰苟子之不欲雖賞之不竊

言子不貪欲則雖賞民使之爲盜民亦知恥而不竊○胡氏曰季氏竊柄康子奪嫡民之爲盜固其所也盍亦

反其本邪孔子以不欲啓之其旨深矣奪嫡事見春秋
傳

19-1 ○季康子問政於孔子曰如殺無道以就有道何如孔子
對曰子爲政焉用殺子欲善而民善矣君子之德風小人
之德草草上之風必偃

爲政者民所視效何以殺爲欲善則民善矣上一作尙
加也偃仆也○尹氏曰殺之爲言豈爲人上之語哉以
身教者從以言教者訟而況於殺乎

20-1 ○子張問士何如斯可謂之達矣

達者德孚於人而行無不得之謂

20-2 子曰何哉爾所謂達者

子張務外夫子蓋已知其發問之意故反詰之將以發其病而藥之也

20-3 子張對曰在邦必聞在家必聞

言名譽著聞也

20-4 子曰是聞也非達也

聞與達相似而不同乃誠僞之所以分學者不可不審也故夫子旣明辨之下文又詳言之

20-5 夫達也者質直而好義察言而觀色慮以下人在邦必達在家必達

內主忠信而所行合宜審於接物而卑以自牧皆自修於內不求人知之事然德修於己而人信之則所行自無窒礙矣

夫聞也者色取仁而行違居之不疑在邦必聞在家必聞

善其顏色以取於仁而行實背之又自以爲是而無所忌憚此不務實而專務求名者故虛譽雖隆而實德則病矣○程子曰學者須是務實不要近名有意近名大本已失更學何事爲名而學則是僞也今之學者大抵爲名爲名與爲利雖淸濁不同然其利心則一也尹氏曰子張之學病在乎不務實故孔子告之皆篤實之事

充乎內而發乎外者也當時門人親受聖人之教而差
失有如此者況後世乎

21-1 ○樊遲從遊於舞雩之下曰敢問崇德修慝辨惑

胡氏曰慝之字從心從匿蓋惡之匿於心者修者治而
去之

21-2 子曰善哉問

善其切於爲己

21-3 先事後得非崇德與攻其惡無攻人之惡非修慝與一朝
之忿忘其身以及其親非惑與

先事後得猶言先難後獲也爲所當爲而不計其功則

德日積而不自知矣專於治己而不責人則己之惡無所匿矣知一朝之忿爲甚微而禍及其親爲甚大則有以辨惑而懲其忿矣樊遲麤鄙近利故告之以此三者皆所以救其失也○范氏曰先事後得上義而下利也人惟有利欲之心故德不崇惟不自省己過而知人之過故慝不修感物而易動者莫如忿忘其身以及其親惑之甚者也惑之甚者必起於細微能辨之於早則不至於大惑矣故懲忿所以辨惑也

○樊遲問仁子曰愛人問知子曰知人

愛人仁之施知人知之務

22-2 樊遲未達

曾氏曰遲之意蓋以愛欲其周而知有所擇故疑二者之相悖耳

22-3 子曰舉直錯諸枉能使枉者直

舉直錯枉者知也使枉者直則仁矣如此則二者不惟不相悖而反相爲用矣

22-4 樊遲退見子夏曰鄉也吾見於夫子而問知子曰舉直錯諸枉能使枉者直何謂也

遲以夫子之言專爲知者之事又未達所以能使枉者直之理

22-5 子夏曰富哉言乎

歎其所包者廣不止言知

22-6 舜有天下選於衆擧皐陶不仁者遠矣湯有天下選於衆擧伊尹不仁者遠矣

伊尹湯之相也不仁者遠言人皆化而爲仁不見有不仁者若其遠去爾所謂使枉者直也子夏蓋有以知夫子之兼仁知而言矣○程子曰聖人之語因人而變化雖若有淺近者而其包含無所不盡觀於此章可見矣非若他人之言語近則遺遠語遠則不知近也尹氏曰學者之問也不獨欲聞其說又必欲知其方不獨欲知

其方又必欲爲其事如樊遲之問仁知也夫子告之盡
矣樊遲未達故又問焉而猶未知其何以爲之也及退
而問諸子夏然後有以知之使其未喻則必將復問矣
旣問於師又辨於友當時學者之務實也如是

23-1 ○子貢問友子曰忠告而善道之不可則止無自辱焉
友所以輔仁故盡其心以告之善其說以道之然以義
合者也故不可則止若以數而見疏則自辱矣

24-1 ○曾子曰君子以文會友以友輔仁
講學以會友則道益明取善以輔仁則德日進

子路第十三

凡三十章

1-1 ○子路問政子曰先之勞之

蘇氏曰凡民之行以身先之則不令而行凡民之事以身勞之則雖勤不怨

1-2 請益曰無倦

吳氏曰勇者喜於有爲而不能持久故以此告之○程子曰子路問政孔子旣告之矣及請益則曰無倦而已未嘗復有所告姑使之深思也

○仲弓爲季氏宰問政子曰先有司赦小過擧賢才

有司衆職也宰兼衆職然事必先之於彼而後考其成功則己不勞而事畢擧矣過失誤也大者於事或有所害不得不懲小者赦之則刑不濫而人心悅矣賢有德者才有能者擧而用之則有司皆得其人而政益修矣

曰焉知賢才而擧之曰擧爾所知爾所不知人其舍諸

仲弓慮無以盡知一時之賢才故孔子告之以此程子曰人各親其親然後不獨親其親仲弓曰焉知賢才而擧之子曰擧爾所知爾所不知人其舍諸便見仲弓與聖人用心之大小推此義則一心可以興邦一心可以

喪邦只在公私之間爾○范氏曰不先有司則君行臣
職矣不赦小過則下無全人矣不舉賢才則百職廢矣
失此三者不可以爲季氏宰況天下乎

3-1 ○子路曰衛君待子而爲政子將奚先

衛君謂出公輒也是時魯哀公之十年孔子自楚反乎
衛

3-2 子曰必也正名乎

是時出公不父其父而禰其祖名實紊矣故孔子以正
名爲先謝氏曰正名雖爲衛君而言然爲政之道皆當
以此爲先

3-3 子路曰有是哉子之迂也奚其正

迂謂遠於事情言非今日之急務也

3-4 子曰野哉由也君子於其所不知蓋闕如也

野謂鄙俗責其不能闕疑而率爾妄對也

3-5 名不正則言不順言不順則事不成

楊氏曰名不當其實則言不順言不順則無以考實而事不成

3-6 事不成則禮樂不興禮樂不興則刑罰不中刑罰不中則民無所措手足

范氏曰事得其序之謂禮物得其和之謂樂事不成則

無序而不和故禮樂不興禮樂不興則施之政事皆失其道故刑罰不中

故君子名之必可言也言之必可行也君子於其言無所苟而已矣

程子曰名實相須一事苟則其餘皆苟矣○胡氏曰衛世子蒯聵恥其母南子之淫亂欲殺之不果而出奔靈公欲立公子郢郢辭公卒夫人立之又辭乃立蒯聵之子輒以拒蒯聵夫蒯聵欲殺母得罪於父而輒據國以拒父皆無父之人也其不可有國也明矣夫子爲政而以正名爲先必將具其事之本末告諸天王請于方伯

命公子郢而立之則人倫正天理得名正言順而事成
矣夫子告之之詳如此而子路終不喩也故事輒不去
卒死其難徒知食焉不避其難之爲義而不知食輒之
食爲非義也

4-1
○樊遲請學稼子曰吾不如老農請學爲圃曰吾不如老
圃

種五穀曰稼種蔬菜曰圃

4-2
樊遲出子曰小人哉樊須也

小人謂細民孟子所謂小人之事者也

4-3
上好禮則民莫敢不敬上好義則民莫敢不服上好信則

民莫敢不用情夫如是則四方之民襁負其子而至矣焉用稼
禮義信大人之事也好義則事合宜情誠實也敬服用情蓋各以其類而應也襁織縷爲之以約小兒於背者
○楊氏曰樊須遊聖人之門而問稼圃志則陋矣辭而闢之可也待其出而後言其非何也蓋於其問也自謂農圃之不如則拒之者至矣須之學疑不及此而不能問不能以三隅反矣故不復及其旣出則懼其終不喩也求老農老圃而學焉則其失愈遠矣故復言之使知前所言者意有在也

5-1 ○子曰誦詩三百授之以政不達使於四方不能專對雖多亦奚以爲

專獨也詩本人情該物理可以驗風俗之盛衰見政治之得失其言溫厚和平長於風諭故誦之者必達於政而能言也○程子曰窮經將以致用也世之誦詩者果能從政而專對乎然則其所學者章句之末耳此學者之大患也

6-1 ○子曰其身正不令而行其身不正雖令不從

7-1 ○子曰魯衛之政兄弟也

魯周公之後衛康叔之後本兄弟之國而是時衰亂政

亦相似故孔子嘆之

8-1
○子謂衛公子荊善居室始有曰苟合矣少有曰苟完矣富有曰苟美矣

公子荊衛大夫苟聊且粗略之意合聚也完備也言其循序而有節不以欲速盡美累其心○楊氏曰務爲全美則累物而驕吝之心生公子荊皆曰苟而已則不以外物爲心其欲易足故也

9-1
○子適衛冉有僕

僕御車也

9-2
子曰庶矣哉

庶衆也

9-3
冉有曰旣庶矣又何加焉曰富之

庶而不富則民生不遂故制田里薄賦斂以富之

9-4
曰旣富矣又何加焉曰教之

富而不教則近於禽獸故必立學校明禮義以教之○胡氏曰天生斯民立之司牧而寄以三事然自三代之後能擧此職者百無一二漢之文明唐之太宗亦云庶且富矣西京之教無聞焉明帝尊師重傅臨雍拜老宗戚子弟莫不受學唐太宗大召名儒增廣生員教亦至矣然而未知所以教也三代之教天子公卿躬行於上

言行政事皆可師法彼二君者其能然乎

10-1 ○子曰苟有用我者朞月而已可也三年有成

朞月謂周一歲之月也可者僅辭言紀綱布也有成治功成也○尹氏曰孔子歎當時莫能用己也故云然愚按史記此蓋爲衛靈公不能用而發

11-1 ○子曰善人爲邦百年亦可以勝殘去殺矣誠哉是言也

爲邦百年言相繼而久也勝殘化殘暴之人使不爲惡也去殺謂民化於善可以不用刑殺也蓋古有是言而夫子稱之程子曰漢自高惠至於文景黎民醇厚幾致刑措庶乎其近之矣○尹氏曰勝殘去殺不爲惡而已

善人之功如是若夫聖人則不待百年其化亦不止此

12-1

○子曰如有王者必世而後仁

王者謂聖人受命而興也三十年爲一世仁謂敎化浹也程子曰周自文武至於成王而後禮樂興卽其效也

○或問三年必世遲速不同何也程子曰三年有成謂法度紀綱有成而化行也漸民以仁摩民以義使之浹於肌膚淪於骨髓而禮樂可興所謂仁也此非積久何以能致

13-1

○子曰苟正其身矣於從政乎何有不能正其身如正人何

14-1

○冉子退朝子曰何晏也對曰有政子曰其事也如有政雖不吾以吾其與聞之

冉有時爲季氏宰朝季氏之私朝也晏晚也政國政事家事以用也禮大夫雖不治事猶得與聞國政是時季氏專魯其於國政蓋有不與同列議於公朝而獨與家臣謀於私室者故夫子爲不知者而言此必季氏之家事耳若是國政我嘗爲大夫雖不見用猶當與聞今旣不聞則是非國政也語意與魏徵獻陵之對略相似其所以正名分抑季氏而教冉有之意深矣

15-1

○定公問一言而可以興邦有諸孔子對曰言不可以若

是其幾也

幾期也詩曰如幾如式言一言之間未可以如此而必期其效

15-2 人之言曰爲君難爲臣不易

當時有此言也

15-3 如知爲君之難也不幾乎一言而興邦乎

因此言而知爲君之難則必戰戰兢兢臨深履薄而無一事之敢忽然則此言也豈不可以必期於興邦乎爲定公言故不及臣也

15-4 曰一言而喪邦有諸孔子對曰言不可以若是其幾也人

之言曰予無樂乎爲君唯其言而莫予違也
言他無所樂惟樂此耳

15-5 如其善而莫之違也不亦善乎如不善而莫之違也不幾乎一言而喪邦乎

范氏曰如不善而莫之違則忠言不至於耳君日驕而臣日諂未有不喪邦者也○謝氏曰知爲君之難則必敬謹以持之唯其言而莫予違則讒諂面諛之人至矣邦未必遽興喪也而興喪之源分於此然此非識微之君子何足以知之

16-1 ○葉公問政

17-1 16-2

音義竝見第七篇

子曰近者說遠者來

被其澤則說聞其風則來然必近者說而後遠者來也

○子夏爲莒父宰問政子曰無欲速無見小利欲速則不達見小利則大事不成

莒父魯邑名欲事之速成則急遽無序而反不達見小者之爲利則所就者小而所失者大矣○程子曰子張問政子曰居之無倦行之以忠子夏問政子曰無欲速無見小利子張常過高而未仁子夏之病常在近小故各以切己之事告之

18-1 ○葉公語孔子曰吾黨有直躬者其父攘羊而子證之

直躬直身而行者有因而盜曰攘

18-2 孔子曰吾黨之直者異於是父爲子隱子爲父隱直在其中矣

父子相隱天理人情之至也故不求爲直而直在其中○謝氏曰順理爲直父不爲子隱子不爲父隱於理順耶瞽瞍殺人舜竊負而逃遵海濱而處當是時愛親之心勝其於直不直何暇計哉

19-1 ○樊遲問仁子曰居處恭執事敬與人忠雖之夷狄不可棄也

恭主容敬主事恭見於外敬主乎中之夷狄不可棄勉

其固守而勿失也○程子曰此是徹上徹下語聖人初

無二語也充之則睟面盎背推而達之則篤恭而天下

平矣胡氏曰樊遲問仁者三此最先先難次之愛人其

最後乎

20-1

○子貢問曰何如斯可謂之士矣子曰行己有恥使於四

方不辱君命可謂士矣

此其志有所不爲而其材足以有爲者也子貢能言故

以使事告之蓋爲使之難不獨貴於能言而已

20-2

曰敢問其次曰宗族稱孝焉鄉黨稱弟焉

此本立而材不足者故爲其次

20-3 曰敢問其次曰言必信行必果硜硜然小人哉抑亦可以
爲次矣

果必行也硜小石之堅確者小人言其識量之淺狹也
此其本末皆無足觀然亦不害其爲自守也故聖人猶
有取焉下此則市井之人不復可爲士矣

20-4 曰今之從政者何如子曰噫斗筲之人何足算也

今之從政者蓋如魯三家之屬噫心不平聲斗量名容
十升筲竹器容斗二升斗筲之人言鄙細也算數也子
貢之問每下故夫子以是警之○程子曰子貢之意蓋

欲爲皎皎之行聞於人者夫子告之皆篤實自得之事

○子曰不得中行而與之必也狂狷乎狂者進取狷者有所不爲也

行道也狂者志極高而行不掩狷者知未及而守有餘蓋聖人本欲得中道之人而教之然旣不可得而徒得謹厚之人則未必能自振拔而有爲也故不若得此狂狷之人猶可因其志節而激厲裁抑之以進於道非與其終於此而已也○孟子曰孔子豈不欲中道哉不可必得故思其次也如琴張曾晳牧皮者孔子之所謂狂也其志嘐嘐然曰古之人古之人夷考其行而不掩焉

者也狂者又不可得欲得不屑不潔之士而與之是狷也是又其次也

22-1 ○子曰南人有言曰人而無恒不可以作巫醫善夫

南人南國之人恒常久也巫所以交鬼神醫所以寄死生故雖賤役而尤不可以無常孔子稱其言而善之

22-2 不恒其德或承之羞

此易恒卦九三爻辭承進也

22-3 子曰不占而已矣

復加子曰以別易文也其義未詳楊氏曰君子於易苟玩其占則知無常之取羞矣其爲無常也蓋亦不占而

已矣意亦略通

23-1 ○子曰君子和而不同小人同而不和

和者無乖戾之心同者有阿比之意○尹氏曰君子尚義故有不同小人尚利安得而和

24-1 ○子貢問曰鄉人皆好之何如子曰未可也鄉人皆惡之何如子曰未可也不如鄉人之善者好之其不善者惡之

一鄉之人宜有公論矣然其間亦各以類自爲好惡也故善者好之而惡者不惡則必其有苟合之行惡者惡之而善者不好則必其無可好之實

25-1 ○子曰君子易事而難說也說之不以道不說也及其使

人也器之小人難事而易說也說之雖不以道說也及其使人也求備焉

器之謂隨其材器而使之也君子之心公而恕小人之心私而刻天理人欲之間每相反而已矣

26-1 ○子曰君子泰而不驕小人驕而不泰

君子循理故安舒而不矜肆小人逞欲故反是

27-1 ○子曰剛毅木訥近仁

程子曰木者質樸訥者遲鈍四者質之近乎仁者也楊氏曰剛毅則不屈於物欲木訥則不至於外馳故近仁

28-1 ○子路問曰何如斯可謂之士矣子曰切切偲偲怡怡如

也可謂士矣朋友切切偲偲兄弟怡怡

胡氏曰切切懇到也偲偲詳勉也怡怡和悅也皆子路所不足故告之又恐其混於所施則兄弟有賊恩之禍朋友有善柔之損故又別而言之

○子曰善人教民七年亦可以卽戎矣

教民者敎之以孝弟忠信之行務農講武之法卽就也戎兵也民知親其上死其長故可以卽戎○程子曰七年云者聖人度其時可矣如云朞月三年百年一世大國五年小國七年之類皆當思其作爲如何乃有益

○子曰以不教民戰是謂棄之

以用也言用不教之民以戰必有敗亡之禍是棄其民
也

憲問第十四

胡氏曰此篇疑原憲所記凡四十七章

1-1

○憲問恥子曰邦有道穀邦無道穀恥也

憲原思名穀祿也邦有道不能有爲邦無道不能獨善而但知食祿皆可恥也憲之狷介其於邦無道穀之可恥固知之矣至於邦有道穀之可恥則未必知也故夫子因其問而幷言之以廣其志使知所以自勉而進於有爲也

2-1

○克伐怨欲不行焉可以爲仁矣

此亦原憲以其所能而問也克好勝伐自矜怨忿恨欲貪欲

子曰可以爲難矣仁則吾不知也

有是四者而能制之使不得行可謂難矣仁則天理渾然自無四者之累不行不足以言之也○程子曰人而無克伐怨欲惟仁者能之有之而能制其情使不行斯亦難能也謂之仁則未也此聖人開示之深惜乎憲之不能再問也或曰四者不行固不得爲仁矣然亦豈非所謂克己之事求仁之方乎曰克去己私以復乎禮則私欲不留而天理之本然者得矣若但制而不行則是

未有拔去病根之意而容其潛藏隱伏於胸中也豈克己求仁之謂哉學者察於二者之間則其所以求仁之功益親切而無滲漏矣

3-1 ○子曰士而懷居不足以爲士矣

居謂意所便安處也

4-1 ○子曰邦有道危言危行邦無道危行言孫

危高峻也孫卑順也尹氏曰君子之持身不可變也至於言則有時而不敢盡以避禍也然則爲國者使士言孫豈不殆哉

5-1 ○子曰有德者必有言有言者不必有德仁者必有勇勇

者不必有仁

有德者和順積中英華發外能言者或便佞口給而已仁者心無私累見義必爲勇者或血氣之强而已○尹氏曰有德者必有言徒能言者未必有德也仁者志必勇徒能勇者未必有仁也

○南宮适問於孔子曰羿善射奡盪舟俱不得其死然禹稷躬稼而有天下夫子不答南宮适出子曰君子哉若人尙德哉若人

南宮适卽南容也羿有窮之君善射滅夏后相而簒其位其臣寒浞又殺羿而代之奡春秋傳作澆浞之子也

力能陸地行舟後爲夏后少康所誅禹平水土暨稷播種身親稼穡之事禹受舜禪而有天下稷之後至周武王亦有天下适之意蓋以羿奡比當世之有權力者而以禹稷比孔子也故孔子不答然适之言如此可謂君子之人而有尙德之心矣不可以不與故俟其出而贊美之

7-1

○子曰君子而不仁者有矣夫未有小人而仁者也

謝氏曰君子志於仁矣然毫忽之間心不在焉則未免爲不仁也

8-1

○子曰愛之能勿勞乎忠焉能勿誨乎

蘇氏曰愛而勿勞禽犢之愛也忠而勿誨婦寺之忠也
愛而知勞之則其爲愛也深矣忠而知誨之則其爲忠
也大矣

○子曰爲命裨諶草創之世叔討論之行人子羽修飾之
東里子産潤色之
裨諶以下四人皆鄭大夫草略也創造也謂造爲草藁
也世叔游吉也春秋傳作子大叔討尋究也論講議也
行人掌使之官子羽公孫揮也修飾謂增損之東里地
名子産所居也潤色謂加以文采也鄭國之爲辭命必
更此四賢之手而成詳審精密各盡所長是以應對諸

侯鮮有敗事孔子言此蓋善之也

10-1 ○或問子産子曰惠人也

子産之政不專於寬然其心則一以愛人爲主故孔子以爲惠人蓋擧其重而言也

10-2 問子西曰彼哉彼哉

子西楚公子申能遜楚國立昭王而改紀其政亦賢大夫也然不能革其僭王之號昭王欲用孔子又沮止之其後卒召白公以致禍亂則其爲人可知矣彼哉者外之之詞

10-3 問管仲曰人也奪伯氏駢邑三百飯疏食沒齒無怨言

人也猶言此人也伯氏齊大夫騈邑地名齒年也蓋桓公奪伯氏之邑以與管仲伯氏自知己罪而心服管仲之功故窮約以終身而無怨言荀卿所謂與之書社三百而富人莫之敢拒者卽此事也○或問管仲子産孰優曰管仲之德不勝其才子産之才不勝其德然於聖人之學則槪乎其未有聞也

11-1 ○子曰貧而無怨難富而無驕易

處貧難處富易人之常情然人當勉其難而不可忽其易也

12-1 ○子曰孟公綽爲趙魏老則優不可以爲滕薛大夫

公綽魯大夫趙魏晉卿之家老家臣之長大家勢重而無諸侯之事家老望尊而無官守之責優有餘也滕薛二國名大夫任國政者滕薛國小政繁大夫位高責重然則公綽蓋廉靜寡欲而短於才者也○楊氏曰知之弗豫枉其才而用之則爲棄人矣此君子所以患不知人也言此則孔子之用人可知矣

○子路問成人子曰若臧武仲之知公綽之不欲卞莊子之勇冉求之藝文之以禮樂亦可以爲成人矣

成人猶言全人武仲魯大夫名紇莊子魯卞邑大夫言兼此四子之長則知足以窮理廉足以養心勇足以力

行藝足以泛應而又節之以禮和之以樂使德成於內而文見乎外則材全德備渾然不見一善成名之迹中正和樂粹然無復偏倚駁雜之蔽而其爲人也亦成矣然亦之爲言非其至者蓋就子路之所可及而語之也若論其至則非聖人之盡人道不足以語此

曰今之成人者何必然見利思義見危授命久要不忘平生之言亦可以爲成人矣

復加曰字者旣答而復言也授命言不愛其生持以與人也久要舊約也平生平日也有是忠信之實則雖其才知禮樂有所未備亦可以爲成人之次也○程子曰

知之明信之篤行之果天下之達德也若孔子所謂成人亦不出此三者武仲知也公綽仁也卞莊子勇也冉求藝也須是合此四人之能文之以禮樂亦可以爲成人矣然而論其大成則不止於此若今之成人有忠信而不及於禮樂則又其次者也又曰臧武仲之知非正也若文之以禮樂則無不正矣又曰語成人之名非聖人孰能之孟子曰唯聖人然後可以踐形如此方可以稱成人之名胡氏曰今之成人以下乃子路之言蓋不復聞斯行之之勇而有終身誦之之固矣未詳是否

○子問公叔文子於公明賈曰信乎夫子不言不笑不取

乎

公叔文子衛大夫公孫枝也公明姓賈名亦衛人文子爲人其詳不可知然必廉靜之士故當時以三者稱之

公明賈對曰以告者過也夫子時然後言人不厭其言樂然後笑人不厭其笑義然後取人不厭其取子曰其然豈其然乎

厭者苦其多而惡之之辭事適其可則人不厭而不覺其有是矣是以稱之或過而以爲不言不笑不取也然此言也非禮義充溢於中得時措之宜者不能文子雖賢疑未及此但君子與人爲善不欲正言其非也故曰

其然豈其然乎蓋疑之也

○子曰臧武仲以防求爲後於魯雖曰不要君吾不信也

防地名武仲所封邑也要有挾而求也武仲得罪奔邾自邾如防使請立後而避邑以示若不得請則將據邑以叛是要君也○范氏曰要君者無上罪之大者也武仲之邑受之於君得罪出奔則立後在君非己所得專也而據邑以請由其好知而不好學也楊氏曰武仲卑辭請後其跡非要君者而意實要之夫子之言亦春秋誅意之法也

○子曰晉文公譎而不正齊桓公正而不譎

晉文公名重耳齊桓公名小白譎詭也二公皆諸侯盟主攘夷狄以尊周室者也雖其以力假仁心皆不正然桓公伐楚仗義執言不由詭道猶爲彼善於此文公則伐衛以致楚而陰謀以取勝其譎甚矣二君他事亦多類此故夫子言此以發其隱

○子路曰桓公殺公子糾召忽死之管仲不死曰未仁乎

按春秋傳齊襄公無道鮑叔牙奉公子小白奔莒及無知弑襄公管夷吾召忽奉公子糾奔魯魯人納之未克而小白入是爲桓公使魯殺子糾而請管召召忽死之管仲請囚鮑叔牙言於桓公以爲相子路疑管仲忘君

事讐忍心害理不得爲仁也

17-2 子曰桓公九合諸侯不以兵車管仲之力也如其仁如其仁

九春秋傳作糾督也古字通用不以兵車言不假威力也如其仁誰如其仁者又再言以深許之蓋管仲雖未得爲仁人而其利澤及人則有仁之功矣

18-1 ○子貢曰管仲非仁者與桓公殺公子糾不能死又相之

子貢意不死猶可相之則已甚矣

18-2 子曰管仲相桓公霸諸侯一匡天下民到于今受其賜微管仲吾其被髮左衽矣

霸與伯同長也匡正也尊周室攘夷狄皆所以正天下也微無也衽衣衿也被髮左衽夷狄之俗也

豈若匹夫匹婦之爲諒也自經於溝瀆而莫之知也

諒小信也經縊也莫之知人不知也後漢書引此文莫字上有人字○程子曰桓公兄也子糾弟也仲私於所事輔之以爭國非義也桓公殺之雖過而糾之死實當仲始與之同謀遂與之同死可也知輔之爭爲不義將自免以圖後功亦可也故聖人不責其死而稱其功若使桓弟而糾兄管仲所輔者正桓奪其國而殺之則管仲之與桓不可同世之讐也若計其後功而與其事桓

聖人之言無乃害義之甚啓萬世反覆不忠之亂乎如
唐之王珪魏徵不死建成之難而從太宗可謂害於義
矣後雖有功何足贖哉愚謂管仲有功而無罪故聖人
獨稱其功王魏先有罪而後有功則不以相掩可也

19-1 ○公叔文子之臣大夫僎與文子同升諸公

臣家臣公公朝謂薦之與己同進爲公朝之臣也

19-2 子聞之曰可以爲文矣

文者順理而成章之謂謚法亦有所謂錫民爵位曰文
者○洪氏曰家臣之賤而引之使與己竝有三善焉知
人一也忘己二也事君三也

20-1 ○子言衛靈公之無道也康子曰夫如是奚而不喪

喪失位也

20-2 孔子曰仲叔圉治賓客祝鮀治宗廟王孫賈治軍旅夫如是奚其喪

仲叔圉卽孔文子也三人皆衛臣雖未必賢而其才可用靈公用之又各當其才○尹氏曰衛靈公之無道宜喪也而能用此三人猶足以保其國而況有道之君能用天下之賢才者乎詩曰無競維人四方其訓之

21-1 ○子曰其言之不怍則爲之也難

大言不慚則無必爲之志而自不度其能否矣欲踐其

言豈不難哉

22-1 ○陳成子弑簡公

成子齊大夫名恒簡公齊君名壬事在春秋哀公十四年

22-2 孔子沐浴而朝告於哀公曰陳恒弑其君請討之

是時孔子致仕居魯沐浴齊戒以告君重其事而不敢忽也臣弑其君人倫之大變天理所不容人人得而誅之況隣國乎故夫子雖已告老而猶請哀公討之

22-3 公曰告夫三子

三子三家也時政在三家哀公不得自專故使孔子告

之

22-4 孔子曰以吾從大夫之後不敢不告也君曰告夫三子者

孔子出而自言如此意謂弑君之賊法所必討大夫謀國義所當告君乃不能自命三子而使我告之邪

22-5 之三子告不可孔子曰以吾從大夫之後不敢不告也

以君命往告而三子魯之强臣素有無君之心實與陳氏聲勢相倚故沮其謀而夫子復以此應之其所以警之者深矣○程子曰左氏記孔子之言曰陳恒弑其君民之不予者半以魯之衆加齊之半可克也此非孔子之言誠若此言是以力不以義也若孔子之志必將正

名其罪上告天子下告方伯而率與國以討之至於所以勝齊者孔子之餘事也豈計魯人之衆寡哉當是時天下之亂極矣因是足以正之周室其復興乎魯之君臣終不從之可勝惜哉胡氏曰春秋之法弑君之賊人得而討之仲尼此擧先發後聞可也

23-1 ○子路問事君子曰勿欺也而犯之

犯謂犯顔諫爭○范氏曰犯非子路之所難也而以不欺爲難故夫子告以先勿欺而後犯也

24-1 ○子曰君子上達小人下達

君子循天理故日進乎高明小人徇人欲故日究乎汚

25-1 26-1

下

○子曰古之學者爲己今之學者爲人

程子曰爲己欲得之於己也爲人欲見知於人也○程子曰古之學者爲己其終至於成物今之學者爲人其終至於喪己愚按聖賢論學者用心得失之際其說多矣然未有如此言之切而要者於此明辨而日省之則庶乎其不昧於所從矣

○蘧伯玉使人於孔子

蘧伯玉衛大夫名瑗孔子居衛嘗主於其家旣而反魯故伯玉使人來也

孔子與之坐而問焉曰夫子何爲對曰夫子欲寡其過而未能也使者出子曰使乎使乎

與之坐敬其主以及其使也夫子指伯玉也言其但欲寡過而猶未能則其省身克己常若不及之意可見矣使者之言愈自卑約而其主之賢益彰亦可謂深知君子之心而善於詞令者矣故夫子再言使乎以重美之

按莊周稱伯玉行年五十而知四十九年之非又曰伯玉行年六十而六十化蓋其進德之功老而不倦是以踐履篤實光輝宣著不惟使者知之而夫子亦信之也

○子曰不在其位不謀其政

重出

28-1 ○曾子曰君子思不出其位

此艮卦之象辭也曾子蓋嘗稱之記者因上章之語而類記之也○范氏曰物各止其所而天下之理得矣故君子所思不出其位而君臣上下大小皆得其職也

29-1 ○子曰君子恥其言而過其行

恥者不敢盡之意過者欲有餘之辭

30-1 ○子曰君子道者三我無能焉仁者不憂知者不惑勇者不懼

自責以勉人也

30-2

子貢曰夫子自道也

道言也自道猶云謙辭○尹氏曰成德以仁爲先進學以知爲先故夫子之言其序有不同者以此

31-1

○子貢方人子曰賜也賢乎哉夫我則不暇

方比也乎哉疑辭比方人物而較其短長雖亦窮理之事然專務爲此則心馳於外而所以自治者疎矣故褒之而疑其辭復自貶以深抑之○謝氏曰聖人責人辭不迫切而意已獨至如此

32-1

○子曰不患人之不己知患其不能也

凡章指同而文不異者一言而重出也文小異者屢言

33-1

而各出也此章凡四見而文皆有異則聖人於此一事蓋屢言之其丁寧之意亦可見矣

○子曰不逆詐不億不信抑亦先覺者是賢乎

逆未至而迎之也億未見而意之也詐謂人欺己不信謂人疑己抑反語辭言雖不逆不億而於人之情僞自然先覺乃爲賢也○楊氏曰君子一於誠而已然未有誠而不明者故雖不逆詐不億不信而常先覺也若夫不逆不億而卒爲小人所罔焉斯亦不足觀也已

34-1

○微生畝謂孔子曰丘何爲是栖栖者與無乃爲佞乎

微生姓畝名也畝名呼夫子而辭甚倨蓋有齒德而隱

者栖栖依依也爲佞言其務爲口給以悅人也

34-2 孔子曰非敢爲佞也疾固也

疾惡也固執一而不通也聖人之於達尊禮恭而言直如此其警之亦深矣

35-1 ○子曰驥不稱其力稱其德也

驥善馬之名德謂調良也○尹氏曰驥雖有力其稱在德人有才而無德則亦奚足尙哉

36-1 ○或曰以德報怨何如

或人所稱今見老子書德謂恩惠也

36-2 子曰何以報德

言於其所怨旣以德報之矣則人之有德於我者又將

何以報之乎

以直報怨以德報德

於其所怨者愛憎取舍一以至公而無私所謂直也於

其所德者則必以德報之不可忘也○或人之言可謂

厚矣然以聖人之言觀之則見其出於有意之私而怨

德之報皆不得其平也必如夫子之言然後二者之報

各得其所然怨有不讐而德無不報則又未嘗不厚也

此章之言明白簡約而其指意曲折反覆如造化之簡

易易知而微妙無窮學者所宜詳玩也

37-2 37-1

〇子曰莫我知也夫

夫子自歎以發子貢之問也

子貢曰何爲其莫知子也子曰不怨天不尤人下學而上達知我者其天乎

不得於天而不怨天不合於人而不尤人但知下學而自然上達此但自言其反己自修循序漸進耳無以甚異於人而致其知也然深味其語意則見其中自有人不及知而天獨知之之妙蓋在孔門唯子貢之智幾足以及此故特語以發之惜乎其猶有所未達也〇程子曰不怨天不尤人在理當如此又曰下學上達意在言

表又曰學者須守下學上達之語乃學之要蓋凡下學人事便是上達天理然習而不察則亦不能以上達矣

38-1

○公伯寮愬子路於季孫子服景伯以告曰夫子固有惑志於公伯寮吾力猶能肆諸市朝

公伯寮魯人子服氏景謚伯字魯大夫子服何也夫子指季孫言其有疑於寮之言也肆陳尸也言欲誅寮

38-2

子曰道之將行也與命也道之將廢也與命也公伯寮其如命何

謝氏曰雖寮之愬行亦命也其實寮無如之何愚謂言此以曉景伯安子路而警伯寮耳聖人於利害之際則

不待決於命而後泰然也

39-1 ○子曰賢者辟世

天下無道而隱若伯夷太公是也

39-2 其次辟地

去亂國適治邦

39-3 其次辟色

禮貌衰而去

39-4 其次辟言

有違言而後去也○程子曰四者雖以大小次第言之

然非有優劣也所遇不同耳

40-1 ○子曰作者七人矣

李氏曰作起也言起而隱去者今七人矣不可知其誰何必求其人以實之則鑿矣

41-1 ○子路宿於石門晨門曰奚自子路曰自孔氏曰是知其不可而爲之者與

石門地名晨門掌晨啓門蓋賢人隱於抱關者也自從也問其何所從來也胡氏曰晨門知世之不可而不爲故以是譏孔子然不知聖人之視天下無不可爲之時也

42-1 ○子擊磬於衛有荷蕢而過孔氏之門者曰有心哉擊磬

42-3 42-2

乎

磬樂器荷擔也蕢草器也此荷蕢者亦隱士也聖人之

心未嘗忘天下此人聞其磬聲而知之則亦非常人矣

旣而曰鄙哉硜硜乎莫己知也斯已而已矣深則厲淺則

揭

硜硜石聲亦專確之意以衣涉水曰厲攝衣涉水曰揭

此兩句衛風匏有苦葉之詩也譏孔子人不知己而不

止不能適淺深之宜

子曰果哉末之難矣

果哉歎其果於忘世也末無也聖人心同天地視天下

猶一家中國猶一人不能一日忘也故聞荷蕢之言而歎其果於忘世且言人之出處若但如此則亦無所難矣

43-1

○子張曰書云高宗諒陰三年不言何謂也

高宗商王武丁也諒陰天子居喪之名未詳其義

43-2

子曰何必高宗古之人皆然君薨百官總己以聽於冢宰三年

言君薨則諸侯亦然總己謂總攝己職冢宰大宰也百官聽於冢宰故君得以三年不言也○胡氏曰位有貴賤而生於父母無以異者故三年之喪自天子達子張

非疑此也殆以爲人君三年不言則臣下無所稟令禍
亂或由以起也孔子告以聽於冢宰則禍亂非所憂矣
44-1
○子曰上好禮則民易使也
謝氏曰禮達而分定故民易使
45-1
○子路問君子子曰修己以敬曰如斯而已乎曰修己以
安人曰如斯而已乎曰修己以安百姓修己以安百姓堯
舜其猶病諸
修己以敬夫子之言至矣盡矣而子路少之故再以其
充積之盛自然及物者告之無他道也人者對己而言
百姓則盡乎人矣堯舜猶病言不可以有加於此以抑

子路使反求諸近也蓋聖人之心無窮世雖極治然豈能必知四海之内果無一物不得其所哉故堯舜猶以安百姓爲病若曰吾治已足則非所以爲聖人矣○程子曰君子修己以安百姓篤恭而天下平唯上下一於恭敬則天地自位萬物自育氣無不和而四靈畢至矣此體信達順之道聰明睿知皆由是出以此事天饗帝

○原壤夷俟子曰幼而不孫弟長而無述焉老而不死是爲賊以杖叩其脛

原壤孔子之故人母死而歌蓋老氏之流自放於禮法之外者夷蹲踞也俟待也言見孔子來而蹲踞以待之

也述猶稱也賊者害人之名以其自幼至老無一善狀而久生於世徒足以敗常亂俗則是賊而已矣脛足骨也孔子旣責之而因以所曳之杖微擊其脛若使勿蹲踞然

47-1

○闕黨童子將命或問之曰益者與

闕黨黨名童子未冠者之稱將命謂傳賓主之言或人疑此童子學有進益故孔子使之傳命以寵異之也

47-2

子曰吾見其居於位也見其與先生竝行也非求益者也欲速成者也

禮童子當隅坐隨行孔子言吾見此童子不循此禮非

能求益但欲速成爾故使之給使令之役觀長少之序
習揖遜之容蓋所以抑而教之非寵而異之也

衛靈公第十五

凡四十一章

1-1 ○衛靈公問陳於孔子孔子對曰俎豆之事則嘗聞之矣軍旅之事未之學也明日遂行

陳謂軍師行伍之列俎豆禮器尹氏曰衛靈公無道之君也復有志於戰伐之事故答以未學而去之

1-2 在陳絕糧從者病莫能興

孔子去衛適陳興起也

1-3 子路慍見曰君子亦有窮乎子曰君子固窮小人窮斯濫

矣

何氏曰濫溢也言君子固有窮時不若小人窮則放溢爲非程子曰固窮者固守其窮亦通○愚謂聖人當行而行無所顧慮處困而亨無所怨悔於此可見學者宜深味之

2-1

○子曰賜也女以予爲多學而識之者與

子貢之學多而能識矣夫子欲其知所本也故問以發之

2-2

對曰然非與

方信而忽疑蓋其積學功至而亦將有得也

曰非也予一以貫之

說見第四篇然彼以行言而此以知言也○謝氏曰聖人之道大矣人不能遍觀而盡識宜其以爲多學而識之也然聖人豈務博者哉如天之於衆形匪物物刻而雕之也故曰予一以貫之德輶如毛毛猶有倫上天之載無聲無臭至矣尹氏曰孔子之於曾子不待其問而直告之以此曾子復深喩之曰唯若子貢則先發其疑而後告之而子貢終亦不能如曾子之唯也二子所學之淺深於此可見愚按夫子之於子貢屢有以發之而他人不與焉則顏曾以下諸子所學之淺深又可見矣

3-1 ○子曰由知德者鮮矣

由呼子路之名而告之也德謂義理之得於己者非己有之不能知其意味之實也○自第一章至此疑皆一時之言此章蓋爲慍見發也

4-1 ○子曰無爲而治者其舜也與夫何爲哉恭己正南面而已矣

無爲而治者聖人德盛而民化不待其有所作爲也獨稱舜者紹堯之後而又得人以任衆職故尤不見其有爲之迹也恭己者聖人敬德之容既無所爲則人之所見如此而已

5-1 ○子張問行
猶問達之意也
5-2 子曰言忠信行篤敬雖蠻貊之邦行矣言不忠信行不篤
敬雖州里行乎哉
子張意在得行於外故夫子反於身而言之猶答干祿
問達之意也篤厚也蠻南蠻貊北狄二千五百家爲州
5-3 立則見其參於前也在輿則見其倚於衡也夫然後行
其者指忠信篤敬而言參讀如毋往參焉之參言與我
相參也衡軛也言其於忠信篤敬念念不忘隨其所在
常若有見雖欲頃刻離之而不可得然後一言一行自

然不離於忠信篤敬而蠻貊可行也

子張書諸紳

紳大帶之垂者書之欲其不忘也○程子曰學要鞭辟近裏著己而已博學而篤志切問而近思言忠信行篤敬立則見其參於前在輿則見其倚於衡卽此是學質美者明得盡查滓便渾化却與天地同體其次惟莊敬以持養之及其至則一也

○子曰直哉史魚邦有道如矢邦無道如矢

史官名魚衛大夫名鰌如矢言直也史魚自以不能進賢退不肖旣死猶以尸諫故夫子稱其直事見家語

6-2 君子哉蘧伯玉邦有道則仕邦無道則可卷而懷之

伯玉出處合於聖人之道故曰君子卷收也懷藏也如
於孫林父寧殖放弒之謀不對而出亦其事也○楊氏
曰史魚之直未盡君子之道若蘧伯玉然後可免於亂
世若史魚之如矢則雖欲卷而懷之有不可得也

7-1 ○子曰可與言而不與之言失人不可與言而與之言失
言知者不失人亦不失言

8-1 ○子曰志士仁人無求生以害仁有殺身以成仁

志士有志之士仁人則成德之人也理當死而求生則
於其心有不安矣是害其心之德也當死而死則心安

10-1 9-1

而德全矣○程子曰實理得之於心自別實理者實見得是實見得非也古人有捐軀隕命者若不實見得惡能如此須是實見得生不重於義生不安於死也故有殺身以成仁者只是成就一箇是而已

○子貢問爲仁子曰工欲善其事必先利其器居是邦也事其大夫之賢者友其士之仁者

賢以事言仁以德言夫子嘗謂子貢悅不若己者故以是告之欲其有所嚴憚切磋以成其德也○程子曰子貢問爲仁非問仁也故孔子告之以爲仁之資而已

○顏淵問爲邦

顏子王佐之才故問治天下之道曰爲邦者謙辭

10-2 子曰行夏之時

夏時謂以斗柄初昏建寅之月爲歲首也天開於子地闢於丑人生於寅故斗柄建此三辰之月皆可以爲歲首而三代迭用之夏以寅爲人正商以丑爲地正周以子爲天正也然時以作事則歲月自當以人爲紀故孔子嘗曰吾得夏時焉而說者以爲夏小正之屬蓋取其時之正與其令之善而於此又以告顏子也

10-3 乘殷之輅

商輅木輅也輅者大車之名古者以木爲車而已至商

而有輅之名蓋始異其制也周人飾以金玉則過侈而易敗不若商輅之朴素渾堅而等威已辨爲質而得其中也

10-4 服周之冕

周冕有五祭服之冠也冠上有覆前後有旒黃帝以來蓋已有之而制度儀等至周始備然其爲物小而加於衆體之上故雖華而不爲靡雖費而不及奢夫子取之蓋亦以爲文而得其中也

10-5 樂則韶舞

取其盡善盡美

放鄭聲遠佞人鄭聲淫佞人殆

放謂禁絶之鄭聲鄭國之音佞人卑諂辨給之人殆危也○程子曰問政多矣惟顏淵告之以此蓋三代之制皆因時損益及其久也不能無弊周衰聖人不作故孔子斟酌先王之禮立萬世常行之道發此以爲之兆耳由是求之則餘皆可考也張子曰禮樂治之法也放鄭聲遠佞人法外意也一日不謹則法壞矣虞夏君臣更相戒飭意蓋如此又曰法立而能守則德可久業可大鄭聲佞人能使人喪其所守故放遠之尹氏曰此所謂百王不易之大法孔子之作春秋蓋此意也孔顏雖不

得行之於時然其爲治之法可得而見矣

11-1 ○子曰人無遠慮必有近憂

蘇氏曰人之所履者容足之外皆爲無用之地而不可廢也故慮不在千里之外則患在几席之下矣

12-1 ○子曰已矣乎吾未見好德如好色者也

已矣乎歎其終不得而見之也

13-1 ○子曰臧文仲其竊位者與知柳下惠之賢而不與立也

竊位言不稱其位而有愧於心如盜得而陰據之也柳下惠魯大夫展獲字禽食邑柳下謚曰惠與立謂與之竝立於朝范氏曰臧文仲爲政於魯若不知賢是不明

也知而不擧是蔽賢也不明之罪小蔽賢之罪大故孔
子以爲不仁又以爲竊位

14-1 ○子曰躬自厚而薄責於人則遠怨矣

責己厚故身益修責人薄故人易從所以人不得而怨
之

15-1 ○子曰不曰如之何如之何者吾末如之何也已矣

如之何如之何者熟思而審處之辭也不如是而妄行
雖聖人亦無如之何矣

16-1 ○子曰群居終日言不及義好行小慧難矣哉

小慧私智也言不及義則放辟邪侈之心滋好行小慧

則行險僥倖之機熟難矣哉者言其無以入德而將有患害也

○子曰君子義以爲質禮以行之孫以出之信以成之君子哉

義者制事之本故以爲質幹而行之必有節文出之必以退遜成之必在誠實乃君子之道也○程子曰義以爲質如質幹然禮行此孫出此信成此此四句只是一事以義爲本又曰敬以直內則義以方外義以爲質則禮以行之孫以出之信以成之

○子曰君子病無能焉不病人之不己知也

19-1

○子曰君子疾沒世而名不稱焉

范氏曰君子學以爲己不求人知然沒世而名不稱焉則無爲善之實可知矣

20-1

○子曰君子求諸己小人求諸人

謝氏曰君子無不反求諸己小人反是此君子小人所以分也○楊氏曰君子雖不病人之不己知然亦疾沒世而名不稱也雖疾沒世而名不稱然所以求者亦反諸己而已小人求諸人故違道干譽無所不至三者文不相蒙而意實相足亦記言者之意

21-1

○子曰君子矜而不爭群而不黨

莊以持己曰矜然無乖戾之心故不爭和以處衆曰群然無阿比之意故不黨

22-1 ○子曰君子不以言擧人不以人廢言

23-1 ○子貢問曰有一言而可以終身行之者乎子曰其恕乎己所不欲勿施於人

推己及物其施不窮故可以終身行之○尹氏曰學貴於知要子貢之問可謂知要矣孔子告以求仁之方也推而極之雖聖人之無我不出乎此終身行之不亦宜乎

24-1 ○子曰吾之於人也誰毁誰譽如有所譽者其有所試矣

毁者稱人之惡而損其眞譽者揚人之善而過其實夫子無是也然或有所譽者則必嘗有以試之而知其將然矣聖人善善之速而無所苟如此若其惡惡則已緩矣是以雖有以前知其惡而終無所毁也

斯民也三代之所以直道而行也

斯民者今此之人也三代夏商周也直道無私曲也言吾之所以無所毁譽者蓋以此民卽三代之時所以善其善惡其惡而無所私曲之民故我今亦不得而枉其是非之實也○尹氏曰孔子之於人也豈有意於毁譽之哉其所以譽之者蓋試而知其美故也斯民也三代

所以直道而行豈得容私於其間哉

25-1
○子曰吾猶及史之闕文也有馬者借人乘之今亡矣夫

楊氏曰史闕文馬借人此二事孔子猶及見之今亡矣夫悼時之益偸也愚謂此必有爲而言蓋雖細故而時變之大者可知矣○胡氏曰此章義疑不可强解

26-1
○子曰巧言亂德小不忍則亂大謀

巧言變亂是非聽之使人喪其所守小不忍如婦人之仁匹夫之勇皆是

27-1
○子曰衆惡之必察焉衆好之必察焉

楊氏曰惟仁者能好惡人衆好惡之而不察則或蔽於

私矣

28-1 ○子曰人能弘道非道弘人

弘廓而大之也人外無道道外無人然人心有覺而道體無爲故人能大其道道不能大其人也○張子曰心能盡性人能弘道也性不知檢其心非道弘人也

29-1 ○子曰過而不改是謂過矣

過而能改則復於無過唯不改則其過遂成而將不及改矣

30-1 ○子曰吾嘗終日不食終夜不寢以思無益不如學也

此爲思而不學者言之蓋勞心以必求不如遜志而自

得也李氏曰夫子非思而不學者特垂語以教人爾

31-1 ○子曰君子謀道不謀食耕也餒在其中矣學也祿在其中矣君子憂道不憂貧

耕所以謀食而未必得食學所以謀道而祿在其中然其學也憂不得乎道而已非爲憂貧之故而欲爲是以得祿也○尹氏曰君子治其本而不卹其末豈以自外至者爲憂樂哉

32-1 ○子曰知及之仁不能守之雖得之必失之

知足以知此理而私欲間之則無以有之於身矣

32-2 知及之仁能守之不莊以涖之則民不敬

涖臨也謂臨民也知此理而無私欲以間之則所知者在我而不失矣然猶有不莊者蓋氣習之偏或有厚於內而不嚴於外者是以民不見其可畏而慢易之下句放此

知及之仁能守之莊以涖之動之不以禮未善也

動之動民也猶曰鼓舞而作興之云爾禮謂義理之節文○愚謂學至於仁則善有諸己而大本立矣涖之不莊動之不以禮乃其氣稟學問之小疵然亦非盡善之道也故夫子歷言之使知德愈全則責愈備不可以爲小節而忽之也

〇子曰君子不可小知而可大受也小人不可大受而可小知也

此言觀人之法知我知之也受彼所受也蓋君子於細事未必可觀而材德足以任重小人雖器量淺狹而未必無一長可取

〇子曰民之於仁也甚於水火水火吾見蹈而死者矣未見蹈仁而死者也

民之於水火所賴以生不可一日無其於仁也亦然但水火外物而仁在己無水火不過害人之身而不仁則失其心是仁有甚於水火而尤不可一日無者也況水

35-1 36-1 37-1

火或有時而殺人仁則未嘗殺人亦何憚而不爲哉李

氏曰此夫子勉人爲仁之語下章放此

○子曰當仁不讓於師

當仁以仁爲己任也雖師亦無所遜言當勇往而必爲

也蓋仁者人所自有而自爲之非有爭也何遜之有

○程子曰爲仁在己無所與遜若善名在外則不可不

遜

○子曰君子貞而不諒

貞正而固也諒則不擇是非而必於信

○子曰事君敬其事而後其食

後與後獲之後同食祿也君子之仕也有官守者修其職有言責者盡其忠皆以敬吾之事而已不可先有求祿之心也

38-1 ○子曰有教無類

人性皆善而其類有善惡之殊者氣習之染也故君子有教則人皆可以復於善而不當復論其類之惡矣

39-1 ○子曰道不同不相爲謀

不同如善惡邪正之類

40-1 ○子曰辭達而已矣

辭取達意而止不以富麗爲工

41-1 ○師冕見及階子曰階也及席子曰席也皆坐子告之曰某在斯某在斯

師樂師瞽者冕名再言某在斯歷擧在坐之人以詔之

41-2 師冕出子張問曰與師言之道與

聖門學者於夫子之一言一動無不存心省察如此

41-3 子曰然固相師之道也

相助也古者瞽必有相其道如此蓋聖人於此非作意而爲之但盡其道而已○尹氏曰聖人處己爲人其心一致無不盡其誠故也有志於學者求聖人之心於斯亦可見矣范氏曰聖人不侮鰥寡不虐無告可見於此

推之天下無一物不得其所矣

季氏第十六

洪氏曰此篇或以爲齊論凡十四章

1-1 ○季氏將伐顓臾

顓臾國名魯附庸也

1-2 冉有季路見於孔子曰季氏將有事於顓臾

按左傳史記二子仕季氏不同時此云爾者疑子路嘗從孔子自衛反魯再仕季氏不久而復之衛也

1-3 孔子曰求無乃爾是過與

冉求爲季氏聚斂尤用事故夫子獨責之

夫顓臾昔者先王以爲東蒙主且在邦域之中矣是社稷之臣也何以伐爲

東蒙山名先王封顓臾於此山之下使主其祭在魯地七百里之中社稷猶云公家是時四分魯國季氏取其二孟孫叔孫各有其一獨附庸之國尙爲公臣季氏又欲取以自益故孔子言顓臾乃先王封國則不可伐在邦域之中則不必伐是社稷之臣則非季氏所當伐也此事理之至當不易之定體而一言盡其曲折如此非聖人不能也

冉有曰夫子欲之吾二臣者皆不欲也

夫子指季孫冉有實與謀以夫子非之故歸咎於季氏

1-6
孔子曰求周任有言曰陳力就列不能者止危而不持顚而不扶則將焉用彼相矣

周任古之良史陳布也列位也相瞽者之相也言二子不欲則當諫諫而不聽則當去也

1-7
且爾言過矣虎兕出於柙龜玉毀於櫝中是誰之過與

兕野牛也柙檻也櫝匱也言在柙而逸在櫝而毀典守者不得辭其過明二子居其位而不去則季氏之惡己不得不任其責也

1-8
冉有曰今夫顓臾固而近於費今不取後世必爲子孫憂

固謂城郭完固費季氏之私邑此則冉有之飾辭然亦可見其實與季氏之謀矣

1-9 孔子曰求君子疾夫舍曰欲之而必爲之辭

欲之謂貪其利

1-10 丘也聞有國有家者不患寡而患不均不患貧而患不安蓋均無貧和無寡安無傾

寡謂民少貧謂財乏均謂各得其分安謂上下相安季氏之欲取顓臾患寡與貧耳然是時季氏據國而魯君無民則不均矣君弱臣强互生嫌隙則不安矣均則不患於貧而和和則不患於寡而安安則不相疑忌而無

傾覆之患

1-11 夫如是故遠人不服則修文德以來之旣來之則安之內治修然後遠人服有不服則修德以來之亦不當勤兵於遠

1-12 今由與求也相夫子遠人不服而不能來也邦分崩離析而不能守也

子路雖不與謀而素不能輔之以義亦不得爲無罪故倂責之遠人謂顓臾分崩離析謂四分公室家臣屢叛

1-13 而謀動干戈於邦內吾恐季孫之憂不在顓臾而在蕭墻之內也

2-1

干楯也戈戟也蕭墻屛也言不均不和內變將作其後哀公果欲以越伐魯而去季氏○謝氏曰當是時三家强公室弱冉求又欲伐顓臾以附益之夫子所以深罪之爲其瘠魯以肥三家也洪氏曰二子仕於季氏凡季氏所欲爲必以告於夫子則因夫子之言而救止者宜亦多矣伐顓臾之事不見於經傳其以夫子之言而止也與

○孔子曰天下有道則禮樂征伐自天子出天下無道則禮樂征伐自諸侯出自諸侯出蓋十世希不失矣自大夫出五世希不失矣陪臣執國命三世希不失矣

先王之制諸侯不得變禮樂專征伐陪臣家臣也逆理
愈甚則其失之愈速大約世數不過如此

2-2 天下有道則政不在大夫

言不得專政

2-3 天下有道則庶人不議

上無失政則下無私議非箝其口使不敢言也○此章
通論天下之勢

3-1 ○孔子曰祿之去公室五世矣政逮於大夫四世矣故夫
三桓之子孫微矣

魯自文公薨公子遂殺子赤立宣公而君失其政歷成

襄昭定凡五公逮及也自季武子始專國政歷悼平桓子凡四世而爲家臣陽虎所執三桓三家皆桓公之後此以前章之說推之而知其當然也○此章專論魯事疑與前章皆定公時語蘇氏曰禮樂征伐自諸侯出宜諸侯之强也而魯以失政政逮於大夫宜大夫之强也而三桓以微何也强生於安安生於上下之分定今諸侯大夫皆陵其上則無以令其下矣故皆不久而失之也

○孔子曰益者三友損者三友友直友諒友多聞益矣友便辟友善柔友便佞損矣

友直則聞其過友諒則進於誠友多聞則進於明便習熟也便辟謂習於威儀而不直善柔謂工於媚悅而不諒便佞謂習於口語而無聞見之實三者損益正相反也○尹氏曰自天子以至於庶人未有不須友以成者而其損益有如是者可不謹哉

○孔子曰益者三樂損者三樂樂節禮樂樂道人之善樂多賢友益矣樂驕樂樂佚遊樂宴樂損矣

節謂辨其制度聲容之節驕樂則侈肆而不知節佚遊則惰慢而惡聞善宴樂則淫溺而狎小人三者損益亦相反也○尹氏曰君子之於好樂可不謹哉

7-1　6-1

○孔子曰侍於君子有三愆言未及之而言謂之躁言及之而不言謂之隱未見顏色而言謂之瞽

君子有德位之通稱愆過也瞽無目不能察言觀色○尹氏曰時然後言則無三者之過矣

○孔子曰君子有三戒少之時血氣未定戒之在色及其壯也血氣方剛戒之在鬪及其老也血氣旣衰戒之在得

血氣形之所待以生者血陰而氣陽也得貪得也隨時知戒以理勝之則不爲血氣所使也○范氏曰聖人同於人者血氣也異於人者志氣也血氣有時而衰志氣則無時而衰也少未定壯而剛老而衰者血氣也戒於

色戒於鬪戒於得者志氣也君子養其志氣故不爲血氣所動是以年彌高而德彌卲也

8-1 ○孔子曰君子有三畏畏天命畏大人畏聖人之言

畏者嚴憚之意也天命者天所賦之正理也知其可畏則其戒謹恐懼自有不能已者而付畀之重可以不失矣大人聖言皆天命所當畏知畏天命則不得不畏之矣

8-2 小人不知天命而不畏也狎大人侮聖人之言

侮戲玩也不知天命故不識義理而無所忌憚如此○尹氏曰三畏者修己之誠當然也小人不務修身誠己

則何畏之有

9-1

○孔子曰生而知之者上也學而知之者次也困而學之又其次也困而不學民斯爲下矣

困謂有所不通言人之氣質不同大約有此四等○楊氏曰生知學知以至困學雖其質不同然及其知之一也故君子惟學之爲貴困而不學然後爲下

10-1

○孔子曰君子有九思視思明聽思聰色思溫貌思恭言思忠事思敬疑思問忿思難見得思義

視無所蔽則明無不見聽無所壅則聰無不聞色見於面者貌舉身而言思問則疑不蓄思難則忿必懲思義

則得不苟○程子曰九思各專其一謝氏曰未至於從
容中道無時而不自省察也雖有不存焉者寡矣此之
謂思誠

11-1 ○孔子曰見善如不及見不善如探湯吾見其人矣吾聞
其語矣

眞知善惡而誠好惡之顏曾冉閔之徒蓋能之矣語蓋
古語也

11-2 隱居以求其志行義以達其道吾聞其語矣未見其人也

求其志守其所達之道也達其道行其所求之志也蓋
惟伊尹太公之流可以當之當時若顏子亦庶乎此然

隱而未見又不幸而蚤死故夫子云然

12-1 ○齊景公有馬千駟死之日民無德而稱焉伯夷叔齊餓于首陽之下民到于今稱之

駟四馬也首陽山名

12-2 其斯之謂與

胡氏曰程子以爲第十二篇錯簡誠不以富亦祇以異當在此章之首今詳文勢似當在此句之上言人之所稱不在於富而在於異也愚謂此說近是而章首當有孔子曰字蓋闕文耳大抵此書後十篇多闕誤

13-1 ○陳亢問於伯魚曰子亦有異聞乎

亢以私意窺聖人疑必陰厚其子

13-2
對曰未也嘗獨立鯉趨而過庭曰學詩乎對曰未也不學

詩無以言鯉退而學詩

事理通達而心氣和平故能言

13-3
他日又獨立鯉趨而過庭曰學禮乎對曰未也不學禮無

以立鯉退而學禮

品節詳明而德性堅定故能立

13-4
聞斯二者

當獨立之時所聞不過如此其無異聞可知

13-5
陳亢退而喜曰問一得三聞詩聞禮又聞君子之遠其子

也

尹氏曰孔子之教其子無異於門人故陳亢以爲遠其子

○邦君之妻君稱之曰夫人夫人自稱曰小童邦人稱之曰君夫人稱諸異邦曰寡小君異邦人稱之亦曰君夫人

寡寡德謙辭○吳氏曰凡語中所載如此類者不知何謂或古有之或夫子嘗言之不可考也

陽貨第十七

凡二十六章

1-1 ○陽貨欲見孔子孔子不見歸孔子豚孔子時其亡也而往拜之遇諸塗

陽貨季氏家臣名虎嘗囚季桓子而專國政欲令孔子來見己而孔子不往貨以禮大夫有賜於士不得受於其家則往拜其門故瞰孔子之亡而歸之豚欲令孔子來拜而見之也

1-2 謂孔子曰來予與爾言曰懷其寶而迷其邦可謂仁乎曰

不可好從事而亟失時可謂知乎曰不可日月逝矣歲不我與孔子曰諾吾將仕矣

懷寶迷邦謂懷藏道德不救國之迷亂亟數也失時謂不及事幾之會將者且然而未必之辭貨語皆譏孔子而諷使速仕孔子固未嘗如此而亦非不欲仕也但不仕於貨耳故直據理答之不復與辯若不諭其意者○陽貨之欲見孔子雖其善意然不過欲使助己爲亂耳故孔子不見者義也其往拜者禮也必時其亡而往者欲其稱也遇諸塗而不避者不終絕也隨問而對者理之直也對而不辯者言之孫而亦無所詘也楊氏曰揚

2-1 3-1

雄謂孔子於陽貨也敬所不敬爲詘身以信道非知孔子者蓋道外無身身外無道身詘矣而可以信道吾未之信也

○子曰性相近也習相遠也

此所謂性兼氣質而言者也氣質之性固有美惡之不同矣然以其初而言則皆不甚相遠也但習於善則善習於惡則惡於是始相遠耳○程子曰此言氣質之性非言性之本也若言其本則性卽是理理無不善孟子之言性善是也何相近之有哉

○子曰唯上知與下愚不移

此承上章而言人之氣質相近之中又有美惡一定而非習之所能移者〇程子曰人性本善有不可移者何也語其性則皆善也語其才則有下愚之不移所謂下愚有二焉自暴自棄也人苟以善自治則無不可移雖昏愚之至皆可漸磨而進也惟自暴者拒之以不信自棄者絶之以不爲雖聖人與居不能化而入也仲尼之所謂下愚也然其質非必昏且愚也往往强戾而才力有過人者商辛是也聖人以其自絶於善謂之下愚然考其歸則誠愚也或曰此與上章當合爲一子曰二字蓋衍文耳

4-1 ○子之武城聞弦歌之聲

弦琴瑟也時子游爲武城宰以禮樂爲教故邑人皆弦歌也

4-2 夫子莞爾而笑曰割鷄焉用牛刀

莞爾小笑貌蓋喜之也因言其治小邑何必用此大道也

4-3 子游對曰昔者偃也聞諸夫子曰君子學道則愛人小人學道則易使也

君子小人以位言之子游所稱蓋夫子之常言言君子小人皆不可以不學故武城雖小亦必教以禮樂

4-4 子曰二三子偃之言是也前言戲之耳

嘉子游之篤信又以解門人之惑也○治有大小而其治之必用禮樂則其爲道一也但衆人多不能用而子游獨行之故夫子驟聞而深喜之因反其言以戲之而子游以正對故復是其言而自實其戲也

5-1 ○公山弗擾以費畔召子欲往

弗擾季氏宰與陽虎共執桓子據邑以叛

5-2 子路不說曰末之也已何必公山氏之之也

末無也言道既不行無所往矣何必公山氏之往乎

5-3 子曰夫召我者而豈徒哉如有用我者吾其爲東周乎

豈徒哉言必用我也爲東周言興周道於東方○程子
曰聖人以天下無不可有爲之人亦無不可改過之人
故欲往然而終不往者知其必不能改故也
○子張問仁於孔子孔子曰能行五者於天下爲仁矣請
問之曰恭寬信敏惠恭則不侮寬則得衆信則人任焉敏
則有功惠則足以使人
行是五者則心存而理得矣於天下言無適而不然猶
所謂雖之夷狄不可棄者五者之目蓋因子張所不足
而言耳任倚仗也又言其效如此○張敬夫曰能行此
五者於天下則其心公平而周遍可知矣然恭其本與

李氏曰此章與六言六蔽五美四惡之類皆與前後文
體大不相似

7-1 ○佛肸召子欲往
佛肸晉大夫趙氏之中牟宰也

7-2 子路曰昔者由也聞諸夫子曰親於其身爲不善者君子
不入也佛肸以中牟畔子之往也如之何
子路恐佛肸之浼夫子故問此以止夫子之行親猶自
也不入不入其黨也

7-3 子曰然有是言也不曰堅乎磨而不磷不曰白乎涅而不
緇

磷薄也涅染皀物言人之不善不能浼己楊氏曰磨不磷涅不緇而後無可無不可堅白不足而欲自試於磨涅其不磷緇也者幾希

吾豈匏瓜也哉焉能繫而不食

匏瓠也匏瓜繫於一處而不能飮食人則不如是也○張敬夫曰子路昔者之所聞君子守身之常法夫子今日之所言聖人體道之大權也然夫子於公山佛肹之召皆欲往者以天下無不可變之人無不可爲之事也其卒不往者知其人之終不可變而事之終不可爲耳一則生物之仁一則知人之智也

8-1 ○子曰由也女聞六言六蔽矣乎對曰未也

蔽遮掩也

8-2 居吾語女

禮君子問更端則起而對故夫子諭子路使還坐而告之

8-3 好仁不好學其蔽也愚好知不好學其蔽也蕩好信不好學其蔽也賊好直不好學其蔽也絞好勇不好學其蔽也亂好剛不好學其蔽也狂

六言皆美德然徒好之而不學以明其理則各有所蔽愚若可陷可罔之類蕩謂窮高極廣而無所止賊謂傷

害於物勇者剛之發剛者勇之體狂躁率也○范氏曰子路勇於爲善其失之者未能好學以明之也故告之以此曰勇曰剛曰信曰直又皆所以救其偏也

9-1 ○子曰小子何莫學夫詩

小子弟子也

9-2 詩可以興

感發志意

9-3 可以觀

考見得失

9-4 可以群

和而不流

9-5 可以怨

怨而不怒

9-6 邇之事父遠之事君

人倫之道詩無不備二者擧重而言

9-7 多識於鳥獸草木之名

其緖餘又足以資多識○學詩之法此章盡之讀是經
者所宜盡心也

10-1 ○子謂伯魚曰女爲周南召南矣乎人而不爲周南召南
其猶正牆面而立也與

爲猶學也周南召南詩首篇名所言皆修身齊家之事正牆面而立言卽其至近之地而一物無所見一步不可行

○子曰禮云禮云玉帛云乎哉樂云樂云鍾鼓云乎哉

敬而將之以玉帛則爲禮和而發之以鍾鼓則爲樂遺其本而專事其末則豈禮樂之謂哉○程子曰禮只是一箇序樂只是一箇和只此兩字含蓄多少義理天下無一物無禮樂且如置此兩椅一不正便是無序無序便乖乖便不和又如盜賊至爲不道然亦有禮樂蓋必有總屬必相聽順乃能爲盜不然則叛亂無統不能一

日相聚而爲盜也禮樂無處無之學者要須識得

○子曰色厲而內荏譬諸小人其猶穿窬之盜也與

厲威嚴也荏柔弱也小人細民也穿穿壁窬踰牆言其

無實盜名而常畏人知也

○子曰鄉原德之賊也

鄉者鄙俗之意原與愿同荀子原慤註讀作愿是也鄉

原鄉人之愿者也蓋其同流合汚以媚於世故在鄉人

之中獨以愿稱夫子以其似德非德而反亂乎德故以

爲德之賊而深惡之詳見孟子末篇

○子曰道聽而塗說德之棄也

雖聞善言不爲己有是自棄其德也○王氏曰君子多識前言往行以畜其德道聽塗說則棄之矣

15-1 ○子曰鄙夫可與事君也與哉

鄙夫庸惡陋劣之稱

15-2 其未得之也患得之旣得之患失之

何氏曰患得之謂患不能得之

15-3 苟患失之無所不至矣

小則吮癰舐痔大則弑父與君皆生於患失而已○胡氏曰許昌靳裁之有言曰士之品大槪有三志於道德者功名不足以累其心志於功名者富貴不足以累其

心志於富貴而已者則亦無所不至矣志於富貴卽孔
子所謂鄙夫也

16-1 ○子曰古者民有三疾今也或是之亡也
氣失其平則爲疾故氣稟之偏者亦謂之疾昔所謂疾
今亦亡之傷俗之益偸也

16-2 古之狂也肆今之狂也蕩古之矜也廉今之矜也忿戾古
之愚也直今之愚也詐而已矣
狂者志願太高肆謂不拘小節蕩則踰大閑矣矜者持
守太嚴廉謂稜角陗厲忿戾則至於爭矣愚者暗昧不
明直謂徑行自遂詐則挾私妄作矣○范氏曰末世滋

僞豈惟賢者不如古哉民性之蔽亦與古人異矣

17-1 ○子曰巧言令色鮮矣仁

重出

18-1 ○子曰惡紫之奪朱也惡鄭聲之亂雅樂也惡利口之覆邦家者

朱正色紫間色雅正也利口捷給覆傾敗也○范氏曰天下之理正而勝者常少不正而勝者常多聖人所以惡之也利口之人以是爲非以非爲是以賢爲不肖以不肖爲賢人君苟悅而信之則國家之覆也不難矣

19-1 ○子曰予欲無言

學者多以言語觀聖人而不察其天理流行之實有不待言而著者是以徒得其言而不得其所以言故夫子發此以警之

19-2 子貢曰子如不言則小子何述焉

子貢正以言語觀聖人者故疑而問之

19-3 子曰天何言哉四時行焉百物生焉天何言哉

四時行百物生莫非天理發見流行之實不待言而可見聖人一動一靜莫非妙道精義之發亦天而已豈待言而顯哉此亦開示子貢之切惜乎其終不喩也○程子曰孔子之道譬如日星之明猶患門人未能盡曉故

曰予欲無言若顔子則便默識其他則未免疑問故曰
小子何述又曰天何言哉四時行焉百物生焉則可謂
至明白矣愚按此與前篇無隱之意相發學者詳之

20-1
○孺悲欲見孔子孔子辭以疾將命者出戶取瑟而歌使
之聞之
孺悲魯人嘗學士喪禮於孔子當是時必有以得罪者
故辭以疾而又使知其非疾以警教之也程子曰此孟
子所謂不屑之教誨所以深教之也

21-1
○宰我問三年之喪期已久矣
期周年也

21-2
君子三年不爲禮禮必壞三年不爲樂樂必崩

恐居喪不習而崩壞也

21-3
舊穀旣沒新穀旣升鑽燧改火期可已矣

沒盡也升登也燧取火之木也改火春取楡柳之火夏取棗杏之火夏季取桑柘之火秋取柞楢之火冬取槐檀之火亦一年而周也已止也言期年則天運一周時物皆變喪至此可止也尹氏曰短喪之說下愚且恥言之宰我親學聖人之門而以是爲問者有所疑於心而不敢强焉爾

21-4
子曰食夫稻衣夫錦於女安乎曰安

禮父母之喪旣殯食粥麤衰旣葬疏食水飮受以成布期而小祥始食菜果練冠縓緣要經不除無食稻衣錦之理夫子欲宰我反求諸心自得其所以不忍者故問之以此而宰我不察也

女安則爲之夫君子之居喪食旨不甘聞樂不樂居處不安故不爲也今女安則爲之

此夫子之言也旨亦甘也初言女安則爲之絶之之辭又發其不忍之端以警其不察而再言女安則爲之以深責之

宰我出子曰予之不仁也子生三年然後免於父母之懷

夫三年之喪天下之通喪也予也有三年之愛於其父母乎

宰我旣出夫子懼其眞以爲可安而遂行之故深探其本而斥之言由其不仁故愛親之薄如此也懷抱也又言君子所以不忍於親而喪必三年之故使之聞之或能反求而終得其本心也○范氏曰喪雖止於三年然賢者之情則無窮也特以聖人爲之中制而不敢過故必俯而就之非以三年之喪爲足以報其親也所謂三年然後免於父母之懷特以責宰我之無恩欲其有以跂而及之耳

22-1

○子曰飽食終日無所用心難矣哉不有博奕者乎爲之猶賢乎已

博局戲也奕圍棊也已止也李氏曰聖人非敎人博奕也所以甚言無所用心之不可爾

23-1

○子路曰君子尙勇乎子曰君子義以爲上君子有勇而無義爲亂小人有勇而無義爲盜

尙上之也君子爲亂小人爲盜皆以位而言者也尹氏曰義以爲尙則其爲勇也大矣子路好勇故夫子以此救其失也胡氏曰疑此子路初見孔子時問答也

24-1

○子貢曰君子亦有惡乎子曰有惡惡稱人之惡者惡居

下流而訕上者惡勇而無禮者惡果敢而窒者

訕謗毁也窒不通也稱人惡則無仁厚之意下訕上則無忠敬之心勇無禮則爲亂果而窒則妄作故夫子惡之

曰賜也亦有惡乎惡徼以爲知者惡不孫以爲勇者惡訐以爲直者

惡徼以下子貢之言也徼伺察也訐謂攻發人之陰私○楊氏曰仁者無不愛則君子疑若無惡矣子貢之有是心也故問焉以質其是非侯氏曰聖賢之所惡如此所謂惟仁者能惡人也

25-1

○子曰唯女子與小人爲難養也近之則不孫遠之則怨

此小人亦謂僕隸下人也君子之於臣妾莊以涖之慈以畜之則無二者之患矣

26-1

○子曰年四十而見惡焉其終也已

四十成德之時見惡於人則止於此而已勉人及時遷善改過也蘇氏曰此亦有爲而言不知其爲誰也

微子第十八

此篇多記聖賢之出處凡十一章

1-1
○微子去之箕子爲之奴比干諫而死

微箕二國名子爵也微子紂庶兄箕子比干紂諸父微子見紂無道去之以存宗祀箕子比干皆諫紂殺比干囚箕子以爲奴箕子因佯狂而受辱

1-2
孔子曰殷有三仁焉

三人之行不同而同出於至誠惻怛之意故不咈乎愛之理而有以全其心之德也楊氏曰此三人者各得其

2-1

本心故同謂之仁

○柳下惠爲士師三黜人曰子未可以去乎曰直道而事人焉往而不三黜枉道而事人何必去父母之邦

士師獄官黜退也柳下惠三黜不去而其辭氣雍容如此可謂和矣然其不能枉道之意則有確乎不可拔者是則所謂必以其道而不自失焉者也○胡氏曰此必有孔子斷之之言而亡之矣

3-1

○齊景公待孔子曰若季氏則吾不能以季孟之間待之曰吾老矣不能用也孔子行

魯三卿季氏最貴孟氏爲下卿孔子去之事見世家然

此言必非面語孔子蓋自以告其臣而孔子聞之爾○程子曰季氏强臣君待之之禮極隆然非所以待孔子也以季孟之間待之則禮亦至矣然復曰吾老矣不能用也故孔子去之蓋不繫待之輕重特以不用而去爾

○齊人歸女樂季桓子受之三日不朝孔子行

季桓子魯大夫名斯按史記定公十四年孔子爲魯司寇攝行相事齊人懼歸女樂以沮之尹氏曰受女樂而怠於政事如此其簡賢棄禮不足與有爲可知矣夫子所以行也所謂見幾而作不俟終日者與○范氏曰此篇記仁賢之出處而折中以聖人之行所以明中庸之

5-2 5-1

道也

○楚狂接輿歌而過孔子曰鳳兮鳳兮何德之衰往者不可諫來者猶可追已而已而今之從政者殆而

接輿楚人佯狂避世夫子時將適楚故接輿歌而過其車前也鳳有道則見無道則隱接輿以比孔子而譏其不能隱爲德衰也來者可追言及今尚可隱去已止也而語助辭殆危也接輿蓋知尊夫子而趨不同者也

孔子下欲與之言趨而辟之不得與之言

孔子下車蓋欲告之以出處之意接輿自以爲是故不欲聞而辟之也

6-1
○長沮桀溺耦而耕孔子過之使子路問津焉

二人隱者耦竝耕也時孔子自楚反乎蔡津濟渡處

6-2
長沮曰夫執輿者爲誰子路曰爲孔丘曰是魯孔丘與曰是也曰是知津矣

執輿執轡在車也蓋本子路御而執轡今下問津故夫子代之也知津言數周流自知津處

6-3
問於桀溺桀溺曰子爲誰曰爲仲由曰是魯孔丘之徒與對曰然曰滔滔者天下皆是也而誰以易之且而與其從辟人之士也豈若從辟世之士哉耰而不輟

滔滔流而不反之意以猶與也言天下皆亂將誰與變

易之而汝也辟人謂孔子辟世桀溺自謂耰覆種也亦不告以津處

子路行以告夫子憮然曰鳥獸不可與同群吾非斯人之徒與而誰與天下有道丘不與易也

憮然猶悵然惜其不喻己意也言所當與同群者斯人而已豈可絶人逃世以爲潔哉天下若已平治則我無用變易之正爲天下無道故欲以道易之耳○程子曰聖人不敢有忘天下之心故其言如此也張子曰聖人之仁不以無道必天下而棄之也

○子路從而後遇丈人以杖荷蓧子路問曰子見夫子乎

丈人曰四體不勤五穀不分孰爲夫子植其杖而芸

丈人亦隱者蓧竹器分辨也五穀不分猶言不辨菽麥爾責其不事農業而從師遠遊也植立之也芸去草也

7-2 子路拱而立

知其隱者敬之也

7-3 止子路宿殺鷄爲黍而食之見其二子焉明日子路行以告子曰隱者也使子路反見之至則行矣

孔子使子路反見之蓋欲告之以君臣之義而丈人意子路必將復來故先去之以滅其跡亦接輿之意也

7-4 子路曰不仕無義長幼之節不可廢也君臣之義如之何

其廢之欲潔其身而亂大倫君子之仕也行其義也道之不行已知之矣

子路述夫子之意如此蓋丈人之接子路甚倨而子路益恭丈人因見其二子焉則於長幼之節固知其不可廢矣故因其所明以曉之倫序也人之大倫有五父子有親君臣有義夫婦有別長幼有序朋友有信是也仕所以行君臣之義故雖知道之不行而不可廢然謂之義則事之可否身之去就亦自有不可苟者是以雖不潔身以亂倫亦非忘義以徇祿也福州有國初時寫本路下有反子二字以此爲子路反而夫子言之也未知

是否○范氏曰隱者爲高故往而不返仕者爲通故溺而不止不與鳥獸同群則決性命之情以饕富貴此二者皆惑也是以依乎中庸者爲難惟聖人不廢君臣之義而必以其正所以或出或處而終不離於道也

8-1 ○逸民伯夷叔齊虞仲夷逸朱張柳下惠少連

逸遺逸民者無位之稱虞仲卽仲雍與泰伯同竄荊蠻者夷逸朱張不見經傳少連東夷人

8-2 子曰不降其志不辱其身伯夷叔齊與

8-3 謂柳下惠少連降志辱身矣言中倫行中慮其斯而已矣

柳下惠事見上倫義理之次第也慮思慮也中慮言有

意義合人心少連事不可考然記稱其善居喪三日不
怠三月不解朞悲哀三年憂則行之中慮亦可見矣
8-4 謂虞仲夷逸隱居放言身中清廢中權
仲雍居吴斷髮文身裸以爲飾隱居獨善合乎道之清
放言自廢合乎道之權
8-5 我則異於是無可無不可
孟子曰孔子可以仕則仕可以止則止可以久則久可
以速則速所謂無可無不可也○謝氏曰七人隱遯不
汚則同其立心造行則異伯夷叔齊天子不得臣諸侯
不得友蓋已遯世離群矣下聖人一等此其最高與柳

下惠少連雖降志而不枉己雖辱身而不求合其心有不屑也故言能中倫行能中慮虞仲夷逸隱居放言則言不合先王之法者多矣然清而不汚也權而適宜也與方外之士害義傷教而亂大倫者殊科是以均謂之逸民尹氏曰七人各守其一節而孔子則無可無不可所以常適其可而異於逸民之徒也揚雄曰觀乎聖人則見賢人是以孟子語夷惠亦必以孔子斷之

9-1 ○大師摯適齊

大師魯樂官之長摯其名也

9-2 亞飯干適楚三飯繚適蔡四飯缺適秦

亞飯以下以樂侑食之官干繚缺皆名也

9-3 鼓方叔入於河

鼓擊鼓者方叔名河河內

9-4 播鼗武入於漢

播搖也鼗小鼓兩旁有耳持其柄而搖之則旁耳還自擊武名也漢漢中

9-5 少師陽擊磬襄入於海

少師樂官之佐陽襄二人名襄卽孔子所從學琴者海海島也○此記賢人之隱遁以附前章然未必夫子之言也末章放此張子曰周衰樂廢夫子自衛反魯一嘗

治之其後伶人賤工識樂之正及魯益衰三桓僭妄自大師以下皆知散之四方逾河蹈海以去亂聖人俄頃之助功化如此如有用我期月而可豈虛語哉

○周公謂魯公曰君子不施其親不使大臣怨乎不以故舊無大故則不棄也無求備於一人

施陸氏本作弛福本同○魯公周公子伯禽也弛遺棄也以用也大臣非其人則去之在其位則不可不用大故謂惡逆李氏曰四者皆君子之事忠厚之至也○胡氏曰此伯禽受封之國周公訓戒之辭魯人傳誦久而不忘也其或夫子嘗與門弟子言之歟

○周有八士伯達伯适仲突仲忽叔夜叔夏季隨季騧

或曰成王時人或曰宣王時人蓋一母四乳而生八子

也然不可考矣○張子曰記善人之多也愚按此篇孔

子於三仁逸民師摯八士旣皆稱贊而品列之於接輿

沮溺丈人又每有惓惓接引之意皆衰世之志也其所

感者深矣在陳之歎蓋亦如此三仁則無間然矣其餘

數君子者亦皆一世之高士若使得聞聖人之道以裁

其所過而勉其所不及則其所立豈止於此而已哉

子張第十九

此篇皆記弟子之言而子夏爲多子貢次之蓋孔門自顏子以下潁悟莫若子貢自曾子以下篤實無若子夏故特記之詳焉凡二十五章

○子張曰士見危致命見得思義祭思敬喪思哀其可已矣

致命謂委致其命猶言授命也四者立身之大節一有不至則餘無足觀故言士能如此則庶乎其可矣

○子張曰執德不弘信道不篤焉能爲有焉能爲亡

有所得而守之太狹則德孤有所聞而信之不篤則道廢焉能爲有亡猶言不足爲輕重

○子夏之門人問交於子張子張曰子夏云何對曰子夏曰可者與之其不可者拒之子張曰異乎吾所聞君子尊賢而容衆嘉善而矜不能我之大賢與於人何所不容我之不賢與人將拒我如之何其拒人也

子夏之言迫狹子張譏之是也但其所言亦有過高之弊蓋大賢雖無所不容然大故亦所當絶不賢固不可以拒人然損友亦所當遠學者不可不察

○子夏曰雖小道必有可觀者焉致遠恐泥是以君子不

爲也

小道如農圃醫卜之屬泥不通也○楊氏曰百家衆技猶耳目鼻口皆有所明而不能相通非無可觀也致遠則泥矣故君子不爲也

5-1
○子夏曰日知其所亡月無忘其所能可謂好學也已矣

亡無也謂己之所未有○尹氏曰好學者日新而不失

6-1
○子夏曰博學而篤志切問而近思仁在其中矣

四者皆學問思辨之事耳未及乎力行而爲仁也然從事於此則心不外馳而所存自熟故曰仁在其中矣○程子曰博學而篤志切問而近思何以言仁在其中矣

學者要思得之了此便是徹上徹下之道又曰學不博則不能守約志不篤則不能力行切問近思在己者則仁在其中矣又曰近思者以類而推蘇氏曰博學而志不篤則大而無成泛問遠思則勞而無功

○子夏曰百工居肆以成其事君子學以致其道

肆謂官府造作之處致極也工不居肆則遷於異物而業不精君子不學則奪於外誘而志不篤尹氏曰學所以致其道也百工居肆必務成其事君子之於學可不知所務哉愚按二說相須其義始備

○子夏曰小人之過也必文

文飾之也小人憚於改過而不憚於自欺故必文以重其過

9-1 ○子夏曰君子有三變望之儼然卽之也溫聽其言也厲

儼然者貌之莊溫者色之和厲者辭之確○程子曰他人儼然則不溫溫則不厲惟孔子全之謝氏曰此非有意於變蓋竝行而不相悖也如良玉溫潤而栗然

10-1 ○子夏曰君子信而後勞其民未信則以爲厲己也信而後諫未信則以爲謗己也

信謂誠意惻怛而人信之也厲猶病也事上使下皆必誠意交孚而後可以有爲

11-1 ○子夏曰大德不踰閑小德出入可也

大德小德猶言大節小節閑闌也所以止物之出入言人能先立乎其大者則小節雖或未盡合理亦無害也

○吳氏曰此章之言不能無弊學者詳之

12-1 ○子游曰子夏之門人小子當灑掃應對進退則可矣抑末也本之則無如之何

子游譏子夏弟子於威儀容節之間則可矣然此小學之末耳推其本如大學正心誠意之事則無有

12-2 子夏聞之曰噫言游過矣君子之道孰先傳焉孰後倦焉譬諸草木區以別矣君子之道焉可誣也有始有卒者其

惟聖人乎

倦如誨人不倦之倦區猶類也言君子之道非以其末爲先而傳之非以其本爲後而倦教但學者所至自有淺深如草木之有大小其類固有別矣若不量其淺深不問其生熟而概以高且遠者强而語之則是誣之而已君子之道豈可如此若夫始終本末一以貫之則惟聖人爲然豈可責之門人小子乎○程子曰君子教人有序先傳以小者近者而後教以大者遠者非先傳以近小而後不教以遠大也又曰灑掃應對便是形而上者理無大小故也故君子只在謹獨又曰聖人之道更

無精粗從灑掃應對與精義入神貫通只一理雖灑掃應對只看所以然如何又曰凡物有本末不可分本末爲兩段事灑掃應對是其然必有所以然又曰自灑掃應對上便可到聖人事愚按程子第一條說此章文意最爲詳盡其後四條皆以明精粗本末其分雖殊而理則一學者當循序而漸進不可厭末而求本蓋與第一條之意實相表裏非謂末卽是本但學其末而本便在此也

○子夏曰仕而優則學學而優則仕

優有餘力也仕與學理同而事異故當其事者必先有

以盡其事而後可及其餘然仕而學則所以資其仕者益深學而仕則所以驗其學者益廣

14-1

○子游曰喪致乎哀而止

致極其哀不尙文飾也楊氏曰喪與其易也寧戚不若禮不足而哀有餘之意愚按而止二字亦微有過於高遠而簡略細微之弊學者詳之

15-1

○子游曰吾友張也爲難能也然而未仁

子張行過高而少誠實惻怛之意

16-1

○曾子曰堂堂乎張也難與竝爲仁矣

堂堂容貌之盛言其務外自高不可輔而爲仁亦不能

17-1 18-1

有以輔人之仁也○范氏曰子張外有餘而內不足故門人皆不與其爲仁子曰剛毅木訥近仁寧外不足而內有餘庶可以爲仁矣

○曾子曰吾聞諸夫子人未有自致者也必也親喪乎

致盡其極也蓋人之眞情所不能自已者○尹氏曰親喪固所自盡也於此不用其誠惡乎用其誠

○曾子曰吾聞諸夫子孟莊子之孝也其他可能也其不改父之臣與父之政是難能也

孟莊子魯大夫名速其父獻子名蔑獻子有賢德而莊子能用其臣守其政故其他孝行雖有可稱而皆不若

此事之爲難

19-1 ○孟氏使陽膚爲士師問於曾子曾子曰上失其道民散久矣如得其情則哀矜而勿喜

陽膚曾子弟子民散謂情義乖離不相維繫謝氏曰民之散也以使之無道教之無素故其犯法也非迫於不得已則陷於不知也故得其情則哀矜而勿喜

20-1 ○子貢曰紂之不善不如是之甚也是以君子惡居下流天下之惡皆歸焉

下流地形卑下之處衆流之所歸喻人身有汚賤之實亦惡名之所聚也子貢言此欲人常自警省不可一置

21-1

其身於不善之地非謂紂本無罪而虛被惡名也

○子貢曰君子之過也如日月之食焉過也人皆見之更也人皆仰之

22-1

○衛公孫朝問於子貢曰仲尼焉學

公孫朝衛大夫

22-2

子貢曰文武之道未墜於地在人賢者識其大者不賢者識其小者莫不有文武之道焉夫子焉不學而亦何常師之有

文武之道謂文王武王之謨訓功烈與凡周之禮樂文章皆是也在人言人有能記之者識記也

23-1
○叔孫武叔語大夫於朝曰子貢賢於仲尼

武叔魯大夫名州仇

23-2
子服景伯以告子貢子貢曰譬之宮牆賜之牆也及肩窺見室家之好

牆卑室淺

23-3
夫子之牆數仞不得其門而入不見宗廟之美百官之富

七尺曰仞不入其門則不見其中之所有言牆高而宮廣也

23-4
得其門者或寡矣夫子之云不亦宜乎

此夫子指武叔

24-1 ○叔孫武叔毁仲尼子貢曰無以爲也仲尼不可毁也他人之賢者丘陵也猶可踰也仲尼日月也無得而踰焉人雖欲自絶其何傷於日月乎多見其不知量也

無以爲猶言無用爲此土高曰丘大阜曰陵日月喻其至高自絶謂以謗毁自絶於孔子多與祇同適也不知量謂不自知其分量也

25-1 ○陳子禽謂子貢曰子爲恭也仲尼豈賢於子乎

爲恭謂爲恭敬推遜其師也

25-2 子貢曰君子一言以爲知一言以爲不知言不可不愼也

責子禽不謹言

25-3 夫子之不可及也猶天之不可階而升也

階梯也大可爲也化不可爲也故曰不可階而升也

25-4 夫子之得邦家者所謂立之斯立道之斯行綏之斯來動之斯和其生也榮其死也哀如之何其可及也

立之謂植其生也道引也謂教之也行從也綏安也來歸附也動謂鼓舞之也和所謂於變時雍言其感應之妙神速如此榮謂莫不尊親哀則如喪考妣程子曰此聖人之神化上下與天地同流者也○謝氏曰觀子貢稱聖人語乃知晚年進德蓋極於高遠也夫子之得邦家者其鼓舞群動捷於桴鼓影響人雖見其變化而莫

窺其所以變化也蓋不離於聖而有不可知者存焉聖而進於不可知之之神矣此殆難以思勉及也

堯曰第二十

凡三章

1-1 ○堯曰咨爾舜天之曆數在爾躬允執其中四海困窮天祿永終

此堯命舜而禪以帝位之辭咨嗟歎聲曆數帝王相繼之次第猶歲時氣節之先後也允信也中者無過不及之名四海之人困窮則君祿亦永絶矣戒之也

1-2 舜亦以命禹

舜後遜位於禹亦以此辭命之今見於虞書大禹謨比

此加詳
曰予小子履敢用玄牡敢昭告于皇皇后帝有罪不敢赦
帝臣不蔽簡在帝心朕躬有罪無以萬方萬方有罪罪在
朕躬
此引商書湯誥之辭蓋湯旣放桀而告諸侯也與書文
大同小異曰上當有湯字履蓋湯名用玄牡夏尚黑未
變其禮也簡閱也言桀有罪己不敢赦而天下賢人皆
上帝之臣己不敢蔽簡在帝心惟帝所命此述其初請
命而伐桀之詞也又言君有罪非民所致民有罪實君
所爲見其厚於責己薄於責人之意此其告諸侯之辭

也

1-4 周有大賚善人是富

此以下述武王事賚予也武王克商大賚于四海見周
書武成篇此言其所富者皆善人也詩序曰賚所以錫
予善人蓋本於此

1-5 雖有周親不如仁人百姓有過在予一人

此周書泰誓之辭孔氏曰周至也言紂至親雖多不如
周家之多仁人

1-6 謹權量審法度修廢官四方之政行焉

權稱錘也量斗斛也法度禮樂制度皆是也

1-7 興滅國繼絕世舉逸民天下之民歸心焉

興滅繼絕謂封黃帝堯舜夏商之後舉逸民謂釋箕子之囚復商容之位三者皆人心之所欲也

1-8 所重民食喪祭

武成曰重民五教惟食喪祭

1-9 寬則得衆信則民任焉敏則有功公則說

此於武王之事無所見恐或泛言帝王之道也○楊氏曰論語之書皆聖人微言而其徒傳守之以明斯道者也故於終篇具載堯舜咨命之言湯武誓師之意與夫施諸政事者以明聖學之所傳者一於是而已所以著

明二十篇之大旨也孟子於終篇亦歷敘堯舜湯文孔
子相承之次皆此意也

2-1 ○子張問於孔子曰何如斯可以從政矣子曰尊五美屛
四惡斯可以從政矣子張曰何謂五美子曰君子惠而不
費勞而不怨欲而不貪泰而不驕威而不猛

2-2 子張曰何謂惠而不費子曰因民之所利而利之斯不亦
惠而不費乎擇可勞而勞之又誰怨欲仁而得仁又焉貪
君子無衆寡無小大無敢慢斯不亦泰而不驕乎君子正
其衣冠尊其瞻視儼然人望而畏之斯不亦威而不猛乎

2-3 子張曰何謂四惡子曰不敎而殺謂之虐不戒視成謂之

暴慢令致期謂之賊猶之與人也出納之吝謂之有司
虐謂殘酷不仁暴謂卒遽無漸致期刻期也賊者切害
之意緩於前而急於後以誤其民而必刑之是賊害之
也猶之猶言均之也均之以物與人而於其出納之際
乃或吝而不果則是有司之事而非爲政之體所與雖
多人亦不懷其惠矣項羽使人有功當封刻印刓忍弗
能予卒以取敗亦其驗也○尹氏曰告問政者多矣未
有如此之備者也故記之以繼帝王之治則夫子之爲
政可知也

○子曰不知命無以爲君子也

程子曰知命者知有命而信之也不知命則見害必避見利必趨何以爲君子

3-2

不知禮無以立也

不知禮則耳目無所加手足無所措

3-3

不知言無以知人也

言之得失可以知人之邪正○尹氏曰知斯三者則君子之事備矣弟子記此以終篇得無意乎學者少而讀之老而不知一言爲可用不幾於侮聖言者乎夫子之罪人也可不念哉

구결표

1. 음音에 따라 만든 것

漢字	口訣	音	한자	구결	음	한자	구결	음
隱	卩	은,는,ㄴ	乙	乙	을,를,ㄹ	厓	厂	에,애
刀	刀	도	面	丆	면	屎	尸	히
牙	牙	아	也	ㄱ	야	旀	尒	며
古	ロ	고	尼	ヒ	니	羅	亽	라
時	寸	시	多	夕	다	小	小	소
那	尹	나	代	弋	대	乎	ㆆ	호
淚	户	러	奴	又	노,로	於	亼	어
里	日	리	舍	士, 舍	사	西	覀	서
馬	馬	마	言	言	언	矣	厶	의
底	广	저	五	五	오	丁	丁	정
巨	巨	거,커	申	申	신			

2. 훈訓에 따라 만든 것

漢字	口訣	音	한자	구결	음	한자	구결	음
爲	ソ	하(할 위)	是	丶	이(이 시)	加	カ	더(더할 가)
等	ホ	드(등급 등)	月	月	다(달 월)			

3. 복합형

口訣	音	구결	음	구결	음	구결	음	구결	음	구결	음
丶卩	인	ホ卩	든	月乙	달	寸乙	실	士丶	새	丶叱	잇
日叱	릿	巨丶	케	尹卩	난	亼丶	에	五卩	온		

4. 용례用例

口訣	ソロ	ソヒ	ソヒ亽	ソㄱ	ソㄱ卩	ソㄱ尹卩	ソ尹ヒ	ソ亽	ソヒ亽	ソ寸ヒ	ソ尒	ソ寸丆	ソ寸卩大	ソ申大	ソ乙士丶	ソ又亽	ソ又ヒ	ソ小覀	ソカヒ	丶ヒ
音	하고	하니	하니라	하야	하야는	하야난	하나니	하라	하니라	하시니	하며	하시면	하신대	하신대	할새	하노라	하노니	하소서	하더니	이니
구결	丶尹	丶亽	丶亽刀	丶亼ヒ	丶亼乙	丶亼ホ卩	丶户ヒ	丶户丶夕	丶户寸ヒ	丶叱可	丶日叱ロ	丶牙	ㆆ弋	ㆆ大	ㆆヒ	ㆆ日亽	ㆆ丶夕	乙又	又夕	又大
음	이나	이라	이라도	이어니	이어늘	이어든	이러니	이러이다	이러시니	잇가	이릿고	이아	호대	호대	호니	호리라	호이다	으로	로다	로대
구결	又丶夕	又小丶夕	尹卩	日五	言丁	言馬卩	巨丶夕	丶寸乙士丶	ソ寸乙士丶	ソ舍	ソ士	丶卩广	丶卩大	印大	丶ヒ丶夕	丶五卩女				
음	로이다	로소이다	난	리오	언정	언마는	케이다	이실새	하실새	하사	하사	인저	인대	인대	이니이다	이온여				

※ 이 외에도 다양한 조합이 가능함.

한자한문교육총서 35

원문 **論 語 集 註** 정가 27,000원

2025년 07월 20일 초판 인쇄
2025년 07월 31일 초판 발행

편 집 고전교육연구실
교 정 이화춘 신양선 백준철
출 판 백준철

발 행 인 김 현
발 행 처 (사)전통문화연구회
서울 종로구 삼봉로 81 두산위브파빌리온 1332호
전화 : (02)762-8401 전송 : (02)747-0083
홈페이지 : juntong.or.kr
사이버서원 : hm.cyberseodang.or.kr
온라인서점 : book.cyberseodang.or.kr
등 록 1989. 7. 3. 제1-936호
총 판 한국출판협동조합(070-7119-1750)

I S B N 979-11-5794-439-2 (04710)
978-89-85395-54-0 (세트)